经典云南

冯德胜
王 喆 ◎ 著

云南出版集团公司
云南教育出版社

云南白药王曲焕章传奇

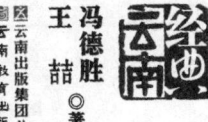

图书在版编目（CIP）数据

云南白药王曲焕章传奇 / 冯德胜, 王喆著. —昆明：云南教育出版社，2012.2
（经典云南丛书）
ISBN 978-7-5415-6216-7

Ⅰ.①云… Ⅱ.①冯…②王… Ⅲ.①曲焕章（1880～1938）–生平事迹 Ⅳ.①K826.2

中国版本图书馆CIP数据核字(2012)第015351号

书　　名	云南白药王曲焕章传奇
作　　者	冯德胜　王　喆
策 划 人	李安泰　杨云宝
组 稿 人	吴学云
出 版 人	李安泰
责任编辑	高建勤
装帧设计	向　炜
责任印制	赵宏斌　张　旸

云南出版集团公司
云南教育出版社 出版发行

昆明市环城西路609号 www.yneph.com
全国新华书店经销
云南新华印刷实业总公司一厂印刷
2012年3月第1版　2012年3月第1次印刷
787毫米×1092毫米　1/32开本　3印张　81千字

ISBN 978-7-5415-6216-7
定价 4.80元

总　　序

云南，从渺远神秘而又带着蛮荒色彩的"彩云之南"走到今天，一步一个脚印跋涉在中华大地上。

云南山水，多娇诱人。

闻名遐迩的喀斯特地质奇观石林，奇妙无比。

迷人的高原深水湖泊抚仙湖，凝波如玉。

秘境香格里拉的高山草甸，杜鹃如火；巍峨雪山，苍茫古远。

低纬度的明永冰川，从古流到今；高黎贡山的各色鲜花，从冬开到夏。

大理的风花雪月，丽江的小桥流水，版纳的原始森林，腾冲的地热奇景，泸西的阿庐古洞，怒江的东方大峡谷，令人陶醉。

七彩云南，蕴涵的又何止是奇山美水？！

这里，有寒武纪早期生物大爆炸的典型：澄江动物化石群。这里，诞生了中国最古老的人类：元谋人。这里，曾崛起过古滇国、哀牢国、南诏国、大理国。这里，有蜀身毒道、秦五尺道、茶马古道、滇缅公路、驼峰航线。这里，有世界上唯一活着的象形文字"东巴文"。这里，出现了中国第一个海关、第一座水电站、第一条民营铁路。

这里，有与黄埔军校齐名的云南陆军讲武堂。

这里，爆发过反对清王朝统治的重九起义。

这里，在袁世凯复辟帝制时，率先通电全国，举起了护国运动的大旗。这里，举办过名垂青史的西南联大，并爆发了震惊全国的"一二·一"运动。这里，曾经涌现了杨振鸿、张文光、蔡锷、李根源、唐继尧、庾恩旸、刀安仁、杨杰等一个个热血汉子；这里，也曾经孕育出书法家钱南园、医药家兰茂、数学家熊庆来、军事家罗炳辉、哲学家艾思奇、音乐家聂耳、诗人柯仲平、舞蹈家杨丽萍、诗书画三绝的担当大师等文化奇才。

朱德、叶剑英，在这里留下了坚实的足迹；徐霞客、杨慎，在这里留下了自己的千古绝唱。

这里还有神奇的云南白药、剔透如玉的云子、独树一帜的普洱茶。

这里的僰人悬棺、纳西古乐、摩梭走婚、白族三道茶、彝族跳菜等滇人风貌和民族风情，更是诉说不尽。

"经典云南丛书"像一根线，把散落于三迤大地的粒粒圆润闪亮的珍珠串连起来，呈现于您的眼前，让您清晰地看到云南山水奇观、人文历史和民族风俗的经典篇章，让您在愉快的阅读体验中增加知识、增长见闻、解密未知。

"经典云南丛书"为百科式解读云南的通俗性读物，融知识性、趣味性、探秘性与时代性为一体，以一种新的视角和叙述方式展现云南的独特之美，以满足人们了解云南、探秘云南、遨游云南的愿望，希望我们所做的一切已达到了。

编　者

目　录

一、赴陪都重庆 …………………………………………………… 1

二、姐家 …………………………………………………………… 10

三、彝药 …………………………………………………………… 30

四、出逃 …………………………………………………………… 32

五、马帮之歌 ……………………………………………………… 39

六、拜师 …………………………………………………………… 44

七、入狱 …………………………………………………………… 52

八、出狱 …………………………………………………………… 59

九、缘 ……………………………………………………………… 67

十、展宏图 ………………………………………………………… 73

十一、陨落 ………………………………………………………… 90

一、赴陪都重庆

  太阳升高了，一只只轮渡驶出重庆港，向下游缓缓驶去……陪都重庆，时任最高法院院长、国民党中央执行委员、中央国医馆馆长的焦易堂先生正坐在办公室读着重庆当天的报纸。焦易堂英武之相，给人以一种不怒自威的感觉，说话操陕西口音。报纸上赫然头条："金碧白药秘方被盗，店伙计离奇失踪"；翻了翻报纸，又有大标题："朝天门附近水域发现男子尸体身份不明"。此时，贴身秘书陈仪进来向他汇报，说话也略带陕西口音。

  "院长，邀请函已经拟好了！"陈仪秘书报告道。

  "念。"焦易堂放下手中的报纸对陈仪说。

  "曲焕章医师悬壶济世，救死扶伤，实乃滇中医药界之翘楚；曲氏'万应百宝丹'药效如神，抗战伊始即挽回我方将士性命无数，台儿庄大捷此药功不可没，蒋委员长亦深深为之动容。值此民族危亡，国家急需用人之际，余仅代表国民政府向曲焕章医师发出最诚挚之邀请，盼能即刻来渝，就任后方中医院院长一职，共商为国为民效力之大计！此致。国民政府最高法院院长，中央执行委员焦易堂。"

  "落款把官职都去掉，就写中央国医馆馆长焦易堂。"

  "是！"

  "昆明那边现在的情况怎么样？"

  "人早就被市政当局关押了，估计现在正难受着呢。"陈仪笑着说。

  焦易堂严肃的脸上露出一丝笑意。

  "院长，您对他曲焕章再三地邀请，已经是仁至义尽。倘若这一次还拒绝，那我亲自去云南押也要把他押来！只要人到了重庆，不怕他不把秘方交出来！"

  "陈秘书，你把焦某当成什么人了？觉得自己很聪明是不是？"

  "院长！属下……"

  "我告诉你，现在不单国家有难，更是中医、国药的存亡之秋！跟我这么多年，那些反对中医国药，欲除之而后快的人都是怎么干的难道你不清楚吗？你说，焦某今日所做一切，到底是为了什么？"

"院长，属下平庸。"说着陈仪走出办公室。

"慢着！看报纸了么？中共地下党、日本特务都盯着曲焕章的药方子，办不好惹出乱子，即使是你陈仪，焦某也不会留情的！"

"是、是、是！"陈仪忙不迭地俯身捡起报纸，恐慌地面朝焦易堂倒退着出门去。

曲焕章的好友周松年及儿子曲万增赶到昆明警察局局长办公室，见局长坐在太师椅上闭目养神。

"我们已经把欠款都缴清了，为什么还不放我爹？"曲万增愤怒地问警察局长道。

"什么就缴清了！为了抗日救国，市政府给各知名商贾的任务是认捐飞机一架，你们曲焕章大药房掏三万滇币，根本就不够！"

"局长，我们卖药的本小利微，但曲老板却是个十分爱国的人，当初为响应政府号召，他竭尽所能，认捐三万滇币买飞机，可等交款时却又告诉我们是要捐三万国币，那相当于滇币三十万钱，拿不出就把曲老板关进了牢房。如今好不容易凑齐了钱，还说不够，请您告诉我这是什么道理？"周松年质问道。

"我无可奉告，也无能为力。我只是执行上级命令。"警察局长蛮横地回答道。

"我爹说的没错，这完全是以抗日为借口伺机进行敲诈！"

"年轻人不懂不要乱讲哦。"

"哼，其实你们如此大费周章，还不就是因为盯上了我们曲家的'万应百宝丹'么！你们贪赃枉法、滥用职权，为的还不就是一个'利'字？"

"万增！"周松年拉了一下曲万增的衣角。

"曲万增！你当警察局是什么地方？岂容得你恣意诽谤，撒野逞强？我把话撂这，谁胆敢再说一句废话，马上判妨碍公务，寻衅滋事，让你们都到牢里边团聚去！"警察局长拍案高吼起来。

曲万增还想再说什么，周松年伸手拦住他。

此时，一个警察走进来，走到警察局长身边耳语了几句。

恼怒的警察局长听完像突然降了温一样，盯着曲万增和周松年，跟着手下出去了。

曲万增和周松年不知发生了什么事，心中都有几分疑惑。一会儿，警察局长回来对曲万增、周松年说："你们到接待室领人吧！"说着将一封信递给曲万增。

曲万增拿着信跟周松年一起走出了局长办公室向接待室走去。

曲焕章肖像

曲焕章跟着狱警走进了接待室，看见曲万增和周松年已在等着自己。

"爹！"

"出什么事了？你们怎么还没回去？"曲焕章疑惑地问道。

"爹，给您看这个！"将一封信函递给曲焕章，曲焕章打开来看那封信。

值此民族危亡，国家急需用人之际，余仅代表国民政府向曲焕章医师发出最诚挚之邀请，盼能即刻来渝，就任后方中医院院长一职，共商为国为民效力之大计！此致。中央国医馆馆长焦易堂。

曲焕章看完，默默地把邀请函交还给儿子。

"爹，前两次焦易堂来函您都置之不理，现在这是第三次，专人专车都到了，就在外边等着，只要您同意，警察局不敢不放您走！"

"焦易堂可不单是中央国医馆馆长，他更是国民政府最高法院院长，中央执行委员，位高权重！咱们虽不了解他，但眼前只有他这封信能救你脱难啊！焕章，如果你错过机会，留在这里一定是凶多吉少！"

"爹，您好好想想！"

"我只是个郎中，不懂政治，也高攀不起这样的大人物。你们……就早些回去吧！"

曲焕章站起来就要出门。

"焕章！你就这么自暴自弃么！从小到大你都没放弃过任何一线希望，你什么时候变成这么不负责任的人了？今后你的'百宝丹'怎么办？家里边那两个苦等你的女人又该怎么活下去？焕章，你究竟想过没有？"周松年赶忙劝说。

曲焕章一怔，背对着他们站在那里。

"焕章！留得青山在，不怕没柴烧啊！"周松年提高声调地说道。

曲焕章慢慢转过身，看着满脸是泪的长子曲万增和焦急的周松年，心中五味杂陈。

孙澄碧开着那辆黑色的轿车，载着曲焕章行驶在山路上。

车内，曲焕章坐在后面座位上，他望着窗外，沉默着。

孙澄碧边开着车，边从后视镜里观察着曲焕章。

"这次曲先生能来真太好了，焦院长他现在可是求贤若渴啊！"孙澄碧说。

"感谢焦院长抬爱，一而再再而三地邀请，实在是盛情难却！再者说，曲某只是一介郎中，八抬大轿来请不坐，难道还要让人用枪逼着才肯来吗？"

孙澄碧下意识地低头看了一眼别在腰间的手枪，尴尬地笑了笑。

山路上，几个日伪特务正埋伏在边上，准备袭击曲焕章他们的车。

另一边，中共地下党的方侦察员带着其他两名同志也正在急匆匆地赶来。

车内，曲焕章拿起了后座上包里的两个玻璃瓶子仔细观看。

一个瓶子里盛满清澈的湖水，另一个里盛满了云南的红土。

"孙先生，你知道吧，我们云南人都是'家乡宝'。自己不出去，自己的孩子也不愿意放出去。为什么？因为云南实在是太好在了。气候宜人、物产丰富、民风淳朴，没那么多尔虞我诈。在这兵荒马乱的年月里，还能有这样一块美好的地方，老百姓真是太幸运了！哎，孙先生，你也到过云南了，有这种感觉吧？"曲焕章看着瓶子说。

"云南确实不错！等将来我老了，也许会考虑到这边定居的。"

"是啊，活着你就追求吧！人总是到了最后时刻，才会意识到什么是一生中最可贵的！"

突然枪响了，子弹击碎了车窗。曲焕章一惊，他看到山路上有几个人举枪朝这边冲过来，边跑边射击。

"曲先生，快把头低下！"孙澄碧扭身命令道。

曲焕章这才醒过来，赶忙把头低下去。

孙澄碧一边开车躲闪，一边掏出手枪朝车外还击。子弹将黑色轿车的车身打出很多弹孔来。

另一边方侦察员率着小胡、小孟赶到，他刚好看到日伪特务在袭击曲焕章的坐车。

"是那辆么？"方侦察员问。

"是，牌照号没错！就是接曲焕章的专车了！"小胡拿着望远镜看着回答道。

"快，救人！"说着举枪向日伪特务射击。

日伪特务发现有人朝己方射击，于是跟方侦察员他们交上了火，双方对射。

孙澄碧开着车，也不断地向外射击。

"曲先生，您没事吧？"孙澄碧关切地问道。

曲焕章没有回答，趴在后座上，呆呆地看着，盛着家乡江川星云湖湖水和云南红土的玻璃瓶已经成了碎片，水和红土已在包里混成了泥浆。

车外,想劫持曲焕章的日伪特务们和前来保护营救的地下党侦察员枪战正酣。孙澄碧趁两方交火之机,加速冲出了伏击圈,汽车在颠簸的山路上绝尘而去。日伪特务们想追,却被方侦察员等人火力牵制。

孙澄碧紧张地驾驶着汽车在山路上飞奔,他朝反光镜里看看,觉得已经摆脱追赶。

"曲先生,坐起来吧,暂时没事了!"孙澄碧看着后视镜说。

曲焕章却似乎没有听见,仍旧趴在那里。孙澄碧还以为出了什么问题,赶忙扭过头来看他。

"曲先生!"孙澄碧有些着急地喊。孙澄碧又下意识地转回头去看一眼驾驶的正前方,赫然发现有障碍出现在面前!孙澄碧心里一惊,迅速反应,果断地一脚踩死刹车,汽车停了下来。由于惯性,正在出神的曲焕章被从后座上抛了起来撞到前座的后背上。

孙澄碧定睛观看,发现车前不远处躺着个中年男子,一个小孩趴在他身边哭,旁边有头牛。

孙澄碧把头靠在把方向盘的那只胳膊上,长出了一口气,而后再次发动汽车,慢慢倒车,准备绕过去继续前进,谁知此时曲焕章却说话了。

"孙先生,停下车!"曲焕章说道。

孙澄碧回头不解地"啊?"一声。

"我去看看前边那个人。"

"曲先生你不能下车!万一是个陷阱呢?!"

曲焕章没等他说完,车还没停稳就拉门下了车。

孙澄碧这下急了,赶忙熄火停车,拎着手枪跟了下去。

曲焕章在躺着的那个中年男子身边蹲了下来查看。

"小娃娃不哭,告诉大爹出什么事了?"

"我,我爹他……他从崖上摔下来了!"小孩哭泣着说。

"别哭!大爹会医病,让大爹看看。"曲焕章抬头望着山崖安慰小孩道。

曲焕章先是仔细查看,发现中年男子头后枕部出血,嘴角也渗血,不省人事,呼吸急促，牙关禁闭，继而把伤者嘴扳开，看舌苔，发现舌淡薄白。

孙澄碧观察四周无危险，却忽见孩子害怕地盯着自己手里的枪，便收起别在身后裤腰里。

曲焕章双目微闭，拿起男子的手把着脉。

"曲先生，你听我一句，咱们现在顾不得这些，赶紧上路吧！万一那些人追上来可就糟了！"孙澄碧急催道。

曲焕章似乎根本没听见，把完脉又俯下身去听伤者的心跳。

"去把我的布袋拿来！"

孙澄碧心中焦急却又无奈，只好迅速跑过去从车后备箱中取来曲焕章的布袋。

曲焕章从袋里取出针灸包摊开，里面别着长短不一、形状各异的针。

"把他的鞋脱了，裤腿挽起来！"曲焕章对孙澄碧说。孙澄碧只好马上照办。

曲焕章蹲下先针刺伤者脚底板的涌泉穴，紧接着又针刺中冲穴和水沟穴，致两穴出血，而后刺脚背一、二趾交合处上部的太冲穴。

曲焕章边刺边观察伤者反应，孩子还在抽泣着，孙澄碧也紧张地望着曲焕章。

曲焕章继而用针刺伤者膝下足三里穴，他的额头渗出了汗水。

曲焕章拿起伤者的手，针刺拇指与食指之间的合谷穴。

伤者原本急促的呼吸渐渐平稳了些，但仍双目紧闭，处于昏迷状态。

孙澄碧焦急地望着他，孩子也瞪大了眼睛盯着，暂时忘记了哭泣。

曲焕章目不转睛紧盯着伤者状态变化，此时此刻他也十分紧张……

"慢慢扶他坐起来。"曲焕章冷静地对孙澄碧说。

孙澄碧见状，赶忙将伤者慢慢扶起来。

此时，曲焕章已经从布袋中取出纱布、一瓶自制的药酒和一瓶享有盛名的曲氏白药"百宝丹"。

曲焕章将白药粉末倒在自己手中的纱布上，再从里边找出那粒红色的保险子，用药酒给伤者服下。继而将白药敷在伤者头部的伤口上，熟练地用纱布缠好。

"爹！爹！"孩子一声声呼叫着。

伤者终于睁开眼睛看了看自己的孩子，虚弱地点点头。

孩子扑进父亲怀里紧紧抱住自己的父亲。

曲焕章将"百宝丹"和药酒留下，他想了想，又到车上取来江川大酥饼递给那孩子。孩子望着他犹豫了一下，将酥饼接了过去，孩子的父亲热泪盈眶，感激地望着曲焕章。

曲焕章微笑着抚摸着孩子的头，然后仍旧一言不发地开始将其他医疗用品收入布袋内。

孙澄碧则在一旁十分钦佩地看着他。

孙澄碧开着满是弹孔的黑色轿车载着曲焕章继续行进在路上，他观察到后面并没有人追来，方才松了口气。继而他又从后视镜里看了看后座上的曲焕章。

曲焕章正沉默地望着窗外沿途的景致。

"曲先生，而今全国上下许多人都在极力提倡西医西药，欲将中医国药彻底废弃。不瞒您说，我也曾对其治病效果心存疑虑。然而，今日有幸得见先生妙手回春之神力，方觉自己从前认识之浅陋啊！"孙澄碧微笑着说。

"自鸦片战争开始西学东渐，大清一朝土崩瓦解，西医西药落地生根。其后关于中医药存废的争论就从没停止过。但因医界人士多自强不息，屡次奋起抗争，才得以为此国粹保有一线生机。"曲焕章望着窗外回答道。

"曲先生，刚才那人摔成重伤，几近丧命。而您竟然凭几根银针、一点白药就能将其从鬼门关前拉转回来，这实在是太不可思议了！"

"该伤者是因外伤剧烈疼痛，以致经气逆乱，清窍受扰而突然昏厥。因此先用平补平泻之针法刺其脚下涌泉，涌泉穴可激发肾经之气，最能醒神开窍，多用于昏厥之重症。而后用补法刺膝下足三里穴，可补益气血，以滋神窍。中冲为心包经井穴，能调阴阳经气之逆乱，为治疗昏厥之要穴；水沟即人中，属督脉穴，督脉入脑上巅，取之有开窍醒神之功——因此应用泻法刺此两穴至血出。我又观其平素体格健壮，属实证者，再增补太冲、合谷两穴。其时伤者神智已清醒，可先入保险子，后敷"百宝丹"，至此性命无虞矣！孙先生，曲某讲这些并非为显示自己，而是想向你证明中医国药不但有效，而且是确有奇效！"

"是啊，真是眼见为实！不过曲先生，我觉得对一般人来说可能实在难以理解吧。"

"面对难度高,不能理解和掌握的事物,大家往往先因胆怯而止步不前,而后就是提出质疑,为自己的无能找借口开脱责任。这当算是人性中的一种通病!"

"不过幸运的是,总归还是有曲先生这样的高人存在啊!您既身怀绝学,又逢焦院长这样的伯乐,我相信未来定能干出一番事业,将中医药发扬光大。"

曲焕章笑着摇了摇头,没有说话,转过头去继续看着窗外。

"说真的,您自己尚处于极端危险的情况中,却仍旧对路人伸出援手,此等高风亮节,令孙某十分钦佩!"

"救死扶伤乃医生天职,不足道。救性命容易,救人心难啊。"

孙澄碧从后视镜里看了看曲焕章,不再说话,继续驾驶。

曲焕章望着车窗外的崇山峻岭,思绪万千,缕缕往事注上心头……

二、姐家

皎洁的月光洒落下来，整座袁府还沉浸在婚礼的喜庆中。一对新人被簇拥着进入洞房。新郎是通海县袁举人的长子袁槐，新娘是曲焕章的姐姐。

新人洞房的灯光熄灭了，12岁的占恩（曲焕章原名）一个人孤独地站在袁家的院子里。占恩的父母因病相继去世，他与姐姐相依为命。曲父健在时就与袁家有约，等女儿岁数到了就与袁槐成亲，并且曲家有事袁家竭力相帮。今天袁恩龄履约将曲家可怜的姐弟俩从江川老家接到通海家里，为儿子举办了婚礼。

一大清早曲焕章就被院里传来的嘈杂声音吵醒，他揉着惺忪的双眼从屋子里走出来。

原来袁家的人们早就起来忙着工作了，院子里一派繁忙的景象：有的坐在那里用脚踩着药碾子在碾药；有的用手摇磨研磨药材；有的用铡刀将药材切成段；有的进进出出忙着搬运药材；地上铺着的草席上面晾晒着各样药材，有伙计翻收着，又有伙计将洗好的药材添上去。

袁恩龄手中拿着一些药草，正跟儿子袁槐解释着。

袁恩龄对儿子袁槐说："这金银花的枝条修剪要本着去弱留强、去弯取直、去叠留疏的原则。白术以根茎入药，种子果实无须采用，因此摘除掉花蕾才能提高产量。附子需要打顶，就是说要摘去顶芽。打顶宜早不宜迟，应选晴天进行，以利伤口愈合。适时打顶并不断除去侧芽，可抑制地上部生长，促进地下块根膨大，同时要除去其过多侧根，保证主根生长肥大。"

袁槐不断点着头："嗯，记住了。爹，过会儿我就去咱家药园子把这些事办好！"

袁恩龄看见曲焕章，便走了过来。

"占恩啊，你大爹家也是江川的，只是生意的原因才搬到通海这边。你就拿这里当自己家，有什么需要跟大爹讲不要客气啊。"袁恩龄和蔼地对曲焕章说。

曲焕章点了点头，袁恩龄微笑着用手摸摸他的脑顶走开了。

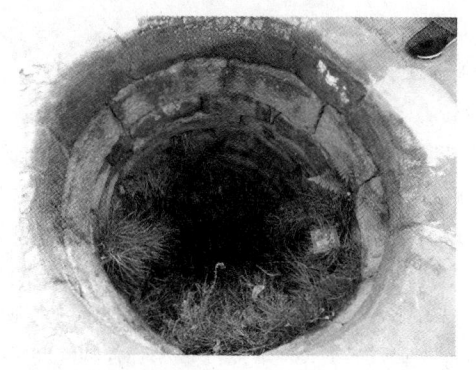

通海袁恩龄家驿站老井

眼前的一切令曲焕章感到十分新奇,他忽然看见自己的姐姐也正在忙着干活。姐姐把挑来的水倒进水缸,将劈好的柴填进灶中,累得满头大汗。

灶台上有很多灶眼,每个灶眼上都摆着个小土锅正在熬着中药。

"姐,你怎么这么早就起来了?"

"哎呀,有好多活儿等着我干呢!你再去睡会儿吧,早饭我叫你。"

"嗯!"曲焕章回姐姐的话道。

姐姐边说边拿起一把棕榈叶做的蒲扇扇着火,并不时地掀起小土锅的盖子查看里面的中药熬制的情况。曲焕章望着姐姐操劳的样子十分心疼。见厅堂里没人,他就跑到那排药柜前,好奇地拉开一个个装药的小抽屉,从中取出一点中药材,放到鼻子边上嗅一嗅,又放了回去,关上抽屉。来到桌前,十分有兴趣地盯着那个浑身刻满了穴位的光头铜人,小心翼翼地把它拿起来,借着光亮仔细观察着,轻轻用手指去触碰、抚摸那些穴点。

时光荏苒,转眼曲焕章到袁家已快一年。

一天,袁恩龄在大厅里给孩子们上课。

"大家听好了,要想成为一个好郎中,首先要念好书!古代三大医书必须要熟读!那就是《黄帝内经》、《神农本草经》和李时珍的《本草纲目》!"袁恩龄严肃地对孩子们讲到。

11

孩子们交头接耳地低声议论着。

"只有三本，这简单嘛！"一个孩子说。

"是啊！"另一个孩子应声道。

"当然，除了这三本呢，还有一些医药典籍必须要读！比如张仲景的《伤寒杂病论》和《金匮要略》；孙思邈的《千金方》；王叔和的《脉经》；皇甫谧的《针灸甲乙经》；陶弘景的《神农本草经集注》；葛洪的《肘后备急方》；巢元方的《诸病源候论》；苏敬的《新修本草》；王焘的《外台秘要》；元丹贡布的《四部医典》；王惟一的《铜人腧穴针灸图经》；宋慈的《洗冤集录》；忽思慧的《饮膳正要》；许国祯的《御药院方》；张子和的《儒门事亲》；朱丹溪的《格致余论》；李东垣的《脾胃论》；刘文泰的《本草品汇精要》；吴又可的《温疫论》；徐春甫的《古今医统大全》；叶天士的《临证指南医案》；吴鞠通的《温病条辨》；王孟英的《温热经纬》；薛生白的《湿热条辨》；王清任的《医林改错》、《古今图书集成医部全录》……"袁恩龄娓娓道来，如数家珍一般，孩子们全都听傻眼了。

"怎么那么多啊？"

"我刚刚只是列举了医书中的一部分经典。除了读医书外，一个好的郎中还要熟稔国学！要知道国学才是咱们中医中药的根！这方面的书就可多嘞！《四库全书》按经、史、子、集分类，共收录古籍三千五百零三种、共七万九千三百三十七卷、装订为三万六千余册，你们有时间大可以找来翻一翻啊！"

曲焕章专心致志地听讲。

"孩子们！跟我来"说着，袁恩龄带孩子们来到自家的药田边，手里拿着一株药草给大家讲解着。

"我们中医所用之中草药源有植物、动物和矿物，其中植物药占绝大多数，应用最为普遍，因此中药这门学问也称为'本草学'。从东汉末年第一部药典载有三百六十五种药的《神农本草经》诞生，到明代李时珍的巨著载有一千八百九十二种药的《本草纲目》，再到大清朝赵学敏载有九百二十一种药的《本草纲目拾遗》，郎中们薪火相传，不断丰富更新，迄今中草药已逾五千种！"

孩子们纷纷咂舌相视。

"工欲善其事，必先利其器！想为人治病，却连什么药都不认得，每一味药的性状、用法也不熟悉，这不是很荒唐的事情吗？那样的人怎么能称为郎中呢？所以，谁想对得起'郎中'这两个字，谁就要先把本草这门学问搞通！我们云南气候宜人，条件得天独厚，可谓天然植物王国，中原有的草药我们有，中原没有的草药我们也有！任谁一屁股坐在地上都能坐到三味药！等你们把袁家药草园子里的药认熟了，我就带着你们上山！自然界才真正是中药生长的乐土，而那山水之间才是我们中医的乐园啊！"讲完，袁恩龄一挥手，孩子们都纷纷兴高采烈地跑到药田里去辨识草药。

袁恩龄高兴地望着孩子们，不时地有孩子指着草药提问，袁恩龄就为他们耐心地讲解。

袁恩龄见曲焕章默默地站在那里发呆，就走了过去。

"占恩！"

"啊，大爹。"

"你跟我来！"

"好！"

曲焕章跟在袁恩龄后面离开了药草园。

山上草木郁郁葱葱，流水潺潺，袁恩龄带着曲焕章来到这里，停了下来。

"占恩，大爹知道你平日用功，家里常见的草药已经满足不了你求知的愿望了。那么现在，你可以比其他人更进一步了！"袁恩龄笑着说。

曲焕章喜出望外忙说："谢谢大爹！"

"占恩啊，刚才我说过，中原有的草药我们云南有，中原没有的草药我们云南也有。这些中原没有的很多都不曾被医书记载过，从今往后你可要多多留意了。再有，很多草药的名字在各地叫法不一样，有很多俗称和别称，甚至在不同的药书上记载的也不一致，这可就得靠你自己博闻强记，勤学苦练啦！"

"嗯，明白。"

"你看这棵树！这是叨里木，也叫接骨丹、象耳朵。它的茎皮和叶全年可采，味甘性平，活血止痛除风湿，是治疗跌打损伤、骨折、风湿的一味良药！"

13

袁恩龄指着一棵两三米高的树给占恩看，耐心讲解着。

曲焕章仔细听着观察着，不时地点点头，非常认真的样子。

曲焕章和袁恩龄继续前行着走远了，背影渐渐消逝在草木之间。

曲焕章和其他孩子一起念书，背诵中药歌诀的声音此起彼伏。

众孩子：……君臣佐使，运用于衷，相反畏恶，立见吉凶。人参味甘，大补元气，止渴生津，调营养卫。黄芪性温，收汗固表，托疮生肌，气虚莫少。白术甘温，健脾强胃，止泻除湿，兼祛痰痞。茯苓味淡，渗湿利窍，白化痰涎，赤通水道。甘草甘温，调和诸药，炙则温中，生则泻火。白芍酸寒，能收能补，泻痢腹痛，虚寒勿与。生地微寒，能消湿热……

"发散风热有升麻，浮萍薄荷桑菊花，柴葛蔓荆牛蒡子，木贼豆豉蝉衣加。附子肉桂能温里，小茴丁香吴茱萸，花椒胡椒荜澄茄，干姜良姜荜茇奇。驱虫杀虫槟榔佳，雷丸鹤虱鹤草芽，芜荑榧子使君子，苦楝根皮和南瓜……"曲焕章非常认真地背道。

夜深人静，桌上的蜡烛即将燃光。

曲焕章读医书疲惫不堪，终于支撑不住趴在桌子上睡着了。

姐姐轻轻推门进来，此时的她已经是挺着大肚子的孕妇了。

她轻轻地把衣服给曲焕章披上。

一张大长桌子上摆着很多小瓷碟，每个小瓷碟里都盛着些中药。

孩子们都围在桌前，看着桌上摆的形形色色的中药。

袁恩龄站在中间，长子袁槐站在他旁边。

袁恩龄说："大家学习本草已经有段时日了，今天我就来考察一下，如果哪个能通过的话，便可以提前进入下面的学习，通不过的，就还得继续努力喽！"

孩子们都面面相觑，心中很是忐忑不安。

"第一项，这里摆着一些容易混淆的草药，请大家来看一看，谁能分辨出来的请举手示意！"袁槐对孩子们说。

孩子们交头接耳，议论纷纷，犹豫不决。

有一个刚举起了手却又马上放了下去。

此时，曲焕章举起了手。

"好，那占恩你来说吧。"

于是所有人的目光一瞬间都集中在曲焕章身上。

曲焕章默默地走到桌前，盯着那些瓷碟里的中药。

曲焕章观察之后，又分别从两个碟里各拿出一块来放到鼻子边上嗅了嗅。

"这一碟里放的是石菖蒲，这碟是水菖蒲。"

"为什么？"袁恩龄问曲焕章。

"石菖蒲和水菖蒲虽同属天南星科，又同取根茎入药，但前者多弯曲，常有分支，断面纤维性，类白或微红色，有明显的内皮环纹和棕色油点散在；后者较前者粗大，少有分支，断面海绵样，类白色或淡棕色，有很多小空洞。石菖蒲气芳香，味苦微辛，具开窍、豁痰、化湿、和胃之功效。水菖蒲气较浓而特异，味辛，具芳香开窍、和中辟浊之功效。二者功效相似却仍有差异，并非一物，不宜互相代用！"

曲焕章说完，把药品又放回到碟子里。

袁槐和其他孩子们都很吃惊地望着曲焕章。

袁恩龄满意地微笑着连连点头。

"很好，继续啊！"

曲焕章得到鼓励于是更加大胆，他继续分辨着桌子上易混淆的草药。

曲焕章看了看，从两个碟子里各拿出一点药草放在嘴里含了一下。

"味辛微苦的是五味子，味微酸的是南五味子！"曲焕章肯定地说。

曲焕章继续仔细分辨着，当看到下面的两味药他犹豫了一下。

"这个是地骨皮，而这是香加皮。地骨皮是茄科枸杞或宁夏枸杞的干燥根皮，香加皮则是萝摩科植物杠柳的干燥根皮，此二者外形十分相似，但香加皮有浓厚香气。地骨皮和香加皮功能主治完全不同，尤其后者还有毒，千万不能搞混淆啊！"

孩子们都听傻了，曲焕章讲完了都没反应过来，直到其中一个孩子鼓起掌来，大家才跟着为曲焕章鼓掌。袁恩龄也十分欣喜地为他鼓掌。

"占恩，你准备好进入第二项考试了吗？"

"好！"

袁槐将两个小瓷碟摆在曲焕章面前的桌子上，两个碟子里边盛的全是棕红色的药品粉末。

袁恩龄对大家说："作为一个中医郎中，不仅要能区分容易混淆的草药，更要懂得分辨真药和假药！若把市场上的假药拿给病人用了，非但治不好病，恐怕病情还要加重，甚至连性命都要搭上！因此，大家对此绝对不可掉以轻心啊！"

"血竭是咱们云南特产，也称木血竭、麒麟血。它活血散瘀，止血生肌，主治跌打损伤，内伤瘀痛，外伤流血不止，是咱们伤科医生常用的一剂灵药，价格很高，又多以粉末入药，于是伪造假冒者颇为猖獗。那么，占恩现在你来辨一辨，哪一份才是真正的血竭粉。"袁槐对曲焕章吩咐道。

曲焕章盯着那两盘几乎一模一样的红色粉末，面色凝重地思索着。

其他孩子都屏住了呼吸望着他，现场气氛十分紧张。

袁恩龄也以一种期待的眼神望着曲焕章。

只见曲焕章将两种药粉分别溶解、加热，观察了一阵端起其中一份回答道："血竭粉末在冷水中基本不溶，水变色的说明其中添加了其他溶水掉色之物。而后将溶液加热至沸腾，含有真正血竭的逸出其独特气味，而伪品则无。因此，我断定这一份是真，而另一份是假！"

"不仅如此！假的这一份么，据我的判断，应当是用松香、红色染料、石粉和泥土混合伪造而成的！"曲焕章望着姐夫认真地说。

听到这话，袁槐也有些惊讶地转过头去望着自己的父亲。

袁恩龄捋着胡须，不住地点头，对曲焕章满意地微笑着。

曲焕章也充满自信地望着袁恩龄。

入夜，袁恩龄正在自己房间里翻找着什么，大箱小箱都被他拖出来了。

此时，长子袁槐来了，看到父亲正在忙着翻东西，他感到很奇怪。

袁槐疑惑地问："爹，你这是……"

"你来得正好，快！帮我一把！"

袁槐俯下身，帮袁恩龄从最里边角落里将一个木箱拖了出来。

"好，好！放这儿，放这儿！"

袁恩龄从腰间掏出一把小铜钥匙，将木箱子上满挂的铜锁打开，然后把箱子盖掀开，里面有一个木匣子，匣子上面还挂着一把更小的铜锁。

袁恩龄又从腰间找着能打开这把锁的更小的铜钥匙。

袁槐似乎明白了什么，急说："爹，你这是要干什么啊？"

"槐儿，白天占恩的表现你都看到了，现在我也得兑现承诺，让他今后能够更上层楼啊！"

"什么啊爹！你不会是要把咱家那件宝贝给他吧？"

"咱家那件宝贝平日里你连看都不让我看，现在却要给他？"袁槐气呼呼地责怪父亲道。

"我觉着占恩这孩子啊天资卓越，又肯刻苦努力，将来必成大器啊！"

"他再有本事他也姓曲！我才是你的长子啊！传内不传外，传男不传女，这可是咱们袁家从祖上传下来的规矩啊！"

"规矩还不都是人定的么！"

袁槐当下气鼓鼓地出门去了。

袁恩龄望着儿子的背影十分无奈，他转身望着那个木匣子，又看了看手里的钥匙，也犹豫起来，但最终他还是过去将钥匙插进了锁孔……

袁恩龄把曲焕章喊来，将木匣子的锁打开。

袁槐十分郁闷地站在一旁。

袁恩龄把里边盖着的绸缎一层层轻轻地掀开，露出三本线装的古旧书籍。

曲焕章看了看，抬头望着袁恩龄不知什么意思。

"占恩，千万不要小看这三本旧书！现在摆在你面前的，可是被云南历代医师奉为至宝的《滇南本草》啊！"

曲焕章惊讶地拿着《滇南本草》问："大爹，怎么从没听你提起过？"

"此三卷《滇南本草》为云南嵩明县人兰茂兰止庵先生历经三十载，呕心沥血所著，比中原李时珍先生的《本草纲目》早了一百四十余年，载药四百五十八种，很多常用药，比如仙鹤草、川牛膝、贝母等都始载于此书，更绝的是这《滇南本草》里大多数药都是云南所独有，是《本草纲目》里没有记载的！"

"啊，多珍贵呀！"曲焕章惊叫着说。

"不仅如此，书里还记载了咱们云南各个民族使用的特有药材，比如滇重楼、滇黄精、滇龙胆、云黄连、金荞麦等药材就是源自彝族药，而这些在中原汉族的药典籍中是根本就不可能出现的！"

袁恩龄说完，用手按住木匣子将它轻轻推向了曲焕章。

曲焕章低头看着木匣子里的书，心情十分激动，他伸手过去轻轻地抚摸着发黄的封面。

"占恩，今天我把此书赠与你，以资鼓励，望你将来能像这位兰止庵先生一样，不断刻苦钻研，千锤百炼，成为医德高尚，救死扶伤的一代名医啊！"

"占恩定不辜负大爹的期望！"说完。曲焕章当即下跪，袁恩龄赶忙扶住他说："男儿膝下有黄金，不要跪！"

曲焕章非常开心，起身迫不及待地捧起那本《滇南本草》翻看起来。翻了几页忽然发现有的书页很脆，一碰就碎，而有的书页已经被虫蛀了好几个洞。

曲焕章十分疑惑地望着袁恩龄。

"日子实在久了，保存得再精心也难免有破损和虫蛀的地方啊！如何补上这些丢掉的内容，还要靠你自己努力喽！"

曲焕章笑了，认真地点了点头。

袁槐站在旁边盯着曲焕章手中的书，心里很不是滋味儿。

曲焕章随即坐在那里，把木匣子放在自己腿上，爱惜地抚摸着药书《滇南本草》。

袁槐走过来说："占恩啊，你大爹给的宝贝可要保存好了！"

"是！"

"你知道这《滇南本草》的三卷抄本是我祖父花了多少银子才从别人手中购得的吗？几乎是倾家荡产啊！你知道为了保护这几本书我祖父又付出多大的代价吗？在他活着的时候终日提心吊胆，那一年家里遭火灾，他什么都不要却冒着危险把这书抢了出来！这三卷书是祖父留给我爹唯一的财产！"袁槐严肃地对曲焕章说，说完一转身走了。

曲焕章默默地望着袁槐的背影，然后又看了看自己手里的书。

"大爹！我走了。"曲焕章向袁恩龄鞠了一躬，一转身走出屋外。

袁恩龄望着曲焕章的身影，手捋着胡子点头微笑。

夜深人静的时候，曲焕章坐在桌前秉烛夜读，他翻开袁恩龄送给自己的《滇南本草》。

第一页上有兰茂的画像，兰止庵先生似在注视着曲焕章。

曲焕章仔细端详着书上这位面庞消瘦却很慈祥的老者，而后他继续往下看。

兰茂撰写的《滇南本草》序言："余幼酷好本草，考其性味，辨地理之情形，察脉络之往来，留心数年，合滇中蔬菜草木种种性情，并著《医门擥要》二卷，以传后世。"

"后有学者，切不可贪大利而泯救病之思。凡行医者，合脉里参悟，其应如响，慎之慎之！"

曲焕章仔细思索着前辈医师的箴言……

袁恩龄手上正拿着《滇南本草》上记载的一味药草在给曲焕章讲解着。

"要彻底熟悉一味药，先要了解它的'性味'。中药有'四气五味'之说。气也就是性，寒、热、温、凉乃四气，而辛、甘、酸、苦、咸为五味。'性味'相同功用相似，'性味'不同又或性同味不同，味同性不同者功用也就不同或有异啦！我们用药时一般既用其气又用其味，但配合其他药物之时，则或用其气，或用其味，你可记住要灵活掌握了！"

"大爹，有书上说药之'五味'，苦入心经、酸入肝经、辛入肺经、甘入脾经、咸入肾经，真是这样吗？我怎么觉着好多药根本就不符合这个规律呢？"

"你说得对！仅凭'五味'来判断中药之'归经'是不准确的，千万不能当成规律！另外占恩啊，中药'归经'讲的是因患者发病的脏腑经络不同，而应采取对症的药物，比若同样是热症，肺热用鱼腥草，胃热用竹叶，莲子心可清心火，夏枯草可清肝火。但真正用药可绝不能只考虑'归经'啊，药性之'四气五味'、

19

'升降浮沉',病之'寒热虚实',用药法之'温清补泻',都要算计在内,请你别忘了!"

"是,占恩一定谨记在心!"

袁家的庭院里,工人们正进进出出,忙着洗晒、加工、炮炙药材。

加工药粉的石磨

袁恩龄边走边给曲焕章讲述着:"中药贵在炮制,生熟制用,用醋、蜜、酒、麦等辅助炙制,其功效大不相同,还可为药材减除毒性,便于服用,或便于制剂和储藏。照方炮制所需之药,方能起到事半功倍之效!《雷公炮炙论》读到了没有?"

"正在读。"

"要好好读。炮炙药材可是单独一门学问,对于药医来说尤为重要!炮制的方法很多,洗漂泡渍、焖炒煨炙、烘蒸煮淬,水飞、镑片、煅炭、发芽……你看,就是靠这些个工具,希望你将来都能熟练掌握!"

曲焕章认真地点点头。

院子里摆放着加工药材的各种工具:切药刀、配合切药刀的竹把子、单切用的虎头钳、螃蟹钳;拦药的刀方;接药的药斗;擦刀的油帚子、水帚子;片刀,锉,铁锤,药碾子;冲筒,乳钵;药锅、砂锅等。

袁恩龄继续带曲焕章观看并讲解着如何使用工具炮制中药。

20

另一边,正坐在那里用药碾子碾压药材的袁槐,远远地望见父亲给曲占恩传授技艺,心里很不是滋味,他狠狠地踩着脚下的药碾子。

日子一天天过去,曲焕章姐姐和袁槐的孩子都已经满地跑了。孩子跑过来找曲焕章玩,曲焕章一边逗着他,一边眼睛仍旧不离自己手中的药书。

入夜,曲焕章秉烛夜读《滇南本草》,并认真地记着读书笔记。

"大爹!你快来看啊,我今天上山采到什么啦!"曲焕章兴奋地喊着跑到袁恩龄屋内。屋内袁恩龄正陪着客人说话,而姐夫袁槐和姐姐都陪在旁边。

"占恩啊,来得正好,快过来见过你李大爹!"袁恩龄朝曲焕章说道。

"这是你李大爹的女儿惠英。"

曲焕章注意到犁铧匠李师傅身边坐着一位年轻姑娘。姑娘长着一双大眼睛,气质纯朴大方,穿着对襟衣裳,典型的江川农村女孩子打扮。

姑娘也注视着曲焕章,四目相对,脸颊绯红。

曲焕章愣愣地点点头,姑娘也欠身还了礼,两个人都有些尴尬。

"占恩!你还举着那药干什么?"袁恩龄笑着说。

"哦!"曲焕章如梦初醒一般哦了一声。

"去洗个脸,换身干净衣服再出来见客!"

"好!"

看着曲焕章那副狼狈的样子,姑娘忍不住笑出了声。曲焕章被笑声吸引,转头又多看了她一眼。

李师傅瞪了自己女儿一眼,姑娘有些不好意思,于是不敢再笑。

此时,曲焕章感到莫名其妙,他看看袁恩龄,又看了姐姐、姐夫。

袁槐的表情依旧十分严肃,姐姐向曲焕章点头示意。

"快去吧!"姐姐催促道。

听到姐姐这样说,曲焕章才满腹狐疑地拿着那根草药转身出去了。

曲焕章赌气躺在床上不起来,姐姐则坐在床边劝他,姐夫袁槐坐在桌子旁边的椅子上。

"占恩,你别闹了!年龄也不小了,怎么还跟个小孩子似的!"

"我说了不结婚!"曲焕章气呼呼地顶撞姐姐道。

"那你想干什么啊?"

"学医啊!姐,我每天在忙什么你看不到吗?"

"两件事情也不冲突啊!到了岁数就得结婚,你结婚之后也可以学医啊!"

"姐,我现在什么都没有,拿什么结婚啊!"

"你想得太多了,钱财乃身外之物,人才是最关键的!惠英那姑娘挺好的,一看就知道是贤妻良母,你现在错过了,以后可别后悔!"

"我不后悔!"

"你……"姐姐有点生气了。

"哎,这个事不能光听他的!决定了就行了!"袁槐接着妻子的话说道。

"你决定了你去结!"曲焕章气呼呼地顶撞姐夫道。

"你别不知道好歹!"袁槐也生气了。"以后你的事我不管了。"

"你是姐夫,何必发那么大的火。"妻子对丈夫说。

袁恩龄陪着李师傅和李惠英喝茶聊天,左等右等曲焕章他们都没来。忽然从外面传来隐隐约约的争吵声。

"你父女俩请先坐一下,我去去就来!"

袁恩龄走出屋去,屋内只留下李师傅和李惠英父女俩。两个人面面相觑,不知道发生了什么事。李师傅有些坐立不安,直打哈欠。

袁恩龄看见儿子和媳妇争吵,于是严肃地问:"吵什么?"

"爹,占恩他不愿意结婚,也不听劝!"袁槐对父亲说。

"回大爹,占恩每天满脑子想的都是怎么才能成为一个好郎中,为此我还有很多东西要学,很多事情要做,所以现在是绝对不可能谈婚论嫁的!"曲焕章望着袁恩龄,一脸的坚决。

袁恩龄坐在那里,长子袁槐把批八字的折子递给父亲。

"爹,我找人给占恩和李师傅的女儿惠英批了八字,结果特别合啊!"

袁恩龄接过去看。

姐姐没有说话,在旁边看看丈夫,又看看自己的公公。

袁恩龄看完了，对儿子点了点头，袁槐看到父亲认可于是脸上露出高兴的神情。

"你觉得呢？"袁恩龄问儿媳道。

"我，我倒是觉得没什么。毕竟是男大当婚，女大当嫁。就是，就是占恩他，他现在整个人全都扑在学医上面。哎，我这弟弟从小就是个倔脾气，他一旦认准了什么，谁也拦不得！"儿媳回了公公的问话。

"已经说了这个事由不得他！还没有哪个孩子在婚姻大事上能不听家里的！咱们是为他好，又不是害他！李师傅手艺好，家境在村子里算是殷实的，惠英那姑娘人才也不差，他小子有什么？"

曲姐本来想说什么，但公公在场又不好再开口。

"得了得了，你莫要急！占恩不像你从小就跟我外出行医闯荡，想要他即刻就挑起家庭的担子，我看还得有个过程！那孩子现在的心思我明白，不过成家立业，成了家才能立业，成了家的男人才算成熟！这件事也不能耽搁！儿媳妇，那就劳你去劝劝他了。"袁恩龄接住儿子的话说，说完将折子递给儿媳。

时间又过了几个月，袁恩龄继续向曲焕章等几个青年授课。

"针灸、推拿按摩和炮制伤药是伤科大夫的三大看家本领，你们一定要掌握好！我国中医古老的经络穴位之理论则是针灸和推拿按摩这两项的根基。《黄帝内经》中说'十二经脉者，人之所以生，病之所以成，人之所以治，病之所以起，学之所始，工之所止也。粗之所易，上之所难。'又说'气穴所发，各有处名'。晋代有皇甫谧编纂了针灸科开山名作《针灸甲乙经》，宋朝又有个叫王惟一的人重新厘定穴位，撰著《铜人腧穴针灸图位》，并且由他研铸出专供咱们现在研究学习之用的针灸铜人，其造型之逼真，端刻之精确，实在是令人叹为观止！"袁恩龄指着一铜人的脸部、躯干上镌刻的穴位经络说。

大家的目光都注视着这具铜人，这铜人似乎见证着中医血脉传承的历史。

袁恩龄继续说："你们看，人周身约有五十二单穴，三百个双穴、五十个经外奇穴。五脏六腑'正经'经络十二条，另外再加上身体正面中央的'任脉'，背面中央的'督脉'，这十四条经络上所排列的穴道，称为'正穴'。"

一青年举手提问:"既然任督二脉不属于正经,为什么还要和十二'正经'算在一起?"

"问得好!任督二脉本属'奇经八脉'。'奇经八脉'指的是任脉、督脉、冲脉、带脉、阴维脉、阳维脉、阴跷脉、阳跷脉。《难经·二十七难》上说,'凡此八者,皆不拘于经,别道奇行,故曰奇经八脉。'它们与十二正经不同,既不直属脏腑,又无表里配合关系。而冲、带、跷、维六脉腧穴,都寄附于十二经与任、督脉之中,惟任督二脉各有其所属腧穴,故与十二正经相提并论,合称为'十四经'。"

此时,曲焕章举起手来。

"占恩,你有什么问题?"

"我想补充一句,虽然我们常说'正经'十二,但实际在人身上是左右对称的,共计二十四条!"

袁恩龄微笑着点头说:"提醒得好!大家可认得啦!"

大家纷纷称是,袁恩龄满意地望着曲焕章,继续讲授。

曲焕章则低头继续认真地记着笔记。

天蒙蒙亮,雾气还没散尽,周围很安静,曲焕章独自一个人在院子里锻炼。

他跨着马步,用小石锁锻炼臂力。放下石锁,他双手齐胸,用力甩手多次,而后双手握拳放置前胸,尽力紧握,想象手中握有一小球,然后假想将球抛出,手指尽量张开,反复多次。紧接着再两手合掌,与胸平齐,左手腕用力推右手腕,保持手掌合拢,然后转由右手腕推左手腕,反复多次。之后他用右手逐一按摩左手的每一根手指,从关节到指尖,然后再用左手按摩右手的每根手指。最后活动手腕,双手放在胸前,手腕按顺时针方向做绕圈运动,重复数次,然后再做反方向的绕圈运动,也重复数次。

曲焕章练完了,停下来长舒了一口气,拿起毛巾擦拭脸上的汗水。

袁恩龄早就站在一旁看着他,但曲焕章却没有觉察,此刻停下来才忽然发现。

"大爹!怎么不多睡一会?"曲焕章行着礼说。

"老倌觉少!且这心里还装着你的事,睡不着啊!"

曲焕章愣住了，不知该如何作答。

袁恩龄见状，笑着岔开话题说："刚看你这套方法不错，既锻炼了手的力度，又能保持其灵活和柔软，是自己想出来的?"

"大爹，我寻思着要把伤科中推拿按摩的本事学好，除了熟稔所有的经络穴位之外，这一双手才是关键，必须要加以训练才行!"

"不错嘛，你总是能领先别人一步!"

曲焕章谦虚地说："那是占恩生性驽钝，所以只能加倍付出努力罢了!"

"做人要谦逊，但作为医生关键时刻一定要当仁不让!只有你表现出自信来，处于惶恐之中的病者才会安心，听从并配合你，明白吗?"

"占恩谨记!"

袁恩龄突然停顿说："那咱说说你的婚姻大事吧!"

曲焕章沉默地低下了头。

"怎么啦?什么时候说起学医来你都头头是道，怎么一提这个就不吭气了?"

"大爹，我现在不想考虑这个事!还有多少东西需要我去学，去琢磨呢，我哪儿有时间啊?一旦结了婚可就全完了!"

"什么就全完了?结婚生子是一门学问，也是一道门槛，跨过去你整个人就能真正地成熟起来。正所谓'世事洞明皆学问，人情练达即文章'。占恩啊，你以为只是识得药草和穴道就能成为一个好郎中吗?"

"大爹，我……"

"不要说啦!这次你必须得听大爹的，就这么定了!"袁恩龄专断地说。

说完，袁恩龄转身就走了，只剩下曲焕章一个人郁闷地站在那里。

当天傍晚曲焕章到姐姐处说："姐，我，我有件事想跟你商量。"

"什么事啊?"

"是我的婚事。"

"你不愿意也就算了，这个家不会再有人强迫你的。"

"可是，可是大爹早上跟我说，他决定了，还是让我成亲。"

"是吗?那我替你找爹说去，告诉他你现在不想结婚!"

"姐,我,我这几天又想了。姐夫那么好心好意给我托媒,大爷他也觉得合适,要不,要不我还是听他们的吧?"

"占恩,实话跟你说吧,自从那天跟你谈了之后,姐心里一直都很难过。姐跟你说的话太重了,婚姻大事是得两厢情愿,既然你有自己的想法,当姐的就该支持你,不能为了迎合别人而委屈自己啊!"

"不,不,姐你别这么说!我也是时候承担起作为男人的那份责任了!"

"占恩,这不是你的真心话!姐明白。"

"姐,你没明白!我,我愿意跟李惠英结婚!是真的!"

姐姐被搞懵了,一脸疑惑地望着自己的弟弟。

半年后曲焕章和李惠英结婚了,家安在江川老宅,夫妻二人恩恩爱爱。每天下田劳作,小两口说说笑笑好不甜蜜,村里人羡慕极了。

修复后的曲氏祠堂

一天,夕阳的余晖洒在田野里,已快做母亲的李惠英一个人在地里拾掇着,满头汗水。她忽然听到远处传来丈夫的喊声,"惠英!惠英!"曲焕章一路小跑着跑到惠英面前:"惠英,看来光傻等着不行,还是得多出去走啊!我今天一出门就碰见两个病人!这一天下来医了五个呢!"

"是吗,太好啦!"李惠英开心地微笑着说。

"嗯,明儿我一早就出门!对了!给你这个!"

"什么呀？"

"你打开看看啊！"

李惠英一层层打开荷叶，发现是盐水鱼和鲊末肉。

"呵呵，都是你最爱吃的！"

李惠英十分高兴，她马上拿出一块盐水鱼塞到丈夫嘴里。

曲焕章也拿出一块塞到她嘴里："你也吃啊！"

李惠英嚼着鱼，幸福地望着自己的丈夫，两个人都开心地笑了起来。

第二天一早，曲焕章进密林采药。他发现不远的一棵大树下有棵药草，正是自己想要的，高兴地跑过去采集。突然"啪"的一声响，曲焕章的脚踩在了一个猎人布下的狩猎用的铁夹子上，小腿被铁夹牢牢夹住，鲜血顿时从白色的绑腿里渗了出来，他疼得瘫坐在地上。

此时，猎犬狂吠的声音由远及近，曲焕章忍痛定睛观看。

一名健壮的中年彝族猎人手持弓弩紧跟在猎犬后面跑过来。

当彝族猎人腊果看清被夹住的是人而不是野兽时，他赶忙吆喝着让猎犬停住。

腊果直愣愣地说："喂！你怎么踩上我的夹子了？"

曲焕章忍着痛说："没办法，老黑熊都比我聪明啊。"

"你忍着点！"腊果说。然后蹲下把曲焕章脚上的铁夹用力掰开，曲焕章疼得几乎叫出声来，背部汗水湿透。

腊果指着铁夹对曲焕章说："还好是我用了多年的兽夹子，上面的齿已经磨钝了。如果是个新的，你这小腿就得整个断掉！"

腊果将曲焕章的绑腿解开露出里边的伤口，他看了看，迅速从背囊里掏出一个捣药罐。

曲焕章一见捣药罐，来了兴趣，疼痛也似乎减轻了，他关注着这位彝族猎人的举动。

然后腊果又在四周寻找，找来两三味药草，放入捣药罐里，又掰了一点盐巴放进去一起捣。捣好药，腊果掏出酒葫芦，拔下塞子。

"兄弟，忍着啊！"腊果说。

腊果含了一大口酒在嘴里，然后喷洒在曲焕章腿部的伤口上。曲焕章疼得惊叫了一声"啊哟!"

腊果从怀里掏出个麂皮做的小包，打开，里边有药粉，准备敷在曲焕章腿上。

曲焕章问道："这是什么药?"

"放心吧兄弟，我不会害你的!"

"我只是想知道这药粉里都有些什么?"

腊果打量着曲焕章说："呵呵，瞧你的样子，是个采药的郎中吧?"

曲焕章点头道："嗯，请你赐教!"

"这是咱们彝族的秘药，是什么不能告诉你!"

见曲焕章不再作声，腊果笑着将药粉洒在他小腿的伤口上。又把捣药罐里刚才捣好的草药取出来，准备给曲焕章敷上。

"我看你这药是现采的，是什么总能告诉我吧?"

"兄弟，我看你是不疼吧? 耽误了伤情我可概不负责啊?"

"不，求你告诉我吧! 要不你就别给我治了!"

腊果望着曲焕章，犹豫了一下说："这里边有三种草药，你是郎中可认得出?"

"我只看到你刚才似乎拿了一味灯盏花。"

腊果高兴地说："你可以啊，还认得灯盏花。"

"呵呵，我知道这味'灯盏花'属于彝族药，不过在兰茂先生的《滇南本草》一书里早就有记载啦! 看看，你的祖先们可不都像你这么小气呵。"

腊果认真地说："还从来没人说过我腊果小气呢!"

"哎，玩笑话么，别生气啊腊果，余下两味药是什么啊?"

腊果老实地说："是'斯赤列'和'一妹姑班'。"

"什么?"

腊果再次重复着说："'斯赤列'和'一妹姑班'!"

曲焕章仿佛像听天书一般，满脸疑惑。

"你看，不是我小气吧? 告诉你你也不认得! 得了，让我先把药敷上，别再耽搁了!"

曲焕章还在寻思着腊果刚才说的药名,腊果则把捣烂的草药敷在了他的伤口上,又扯了一块干净布给他包扎上。片刻间曲焕章就察觉伤口不再那么疼,低头看血也基本止住,只有一点向外渗出的迹象。

曲焕章以一种不可思议的表情望着腊果。

腊果得意地说:"我没骗你吧?是不是好多了?"

曲焕章赶忙点了点头,腊果笑了,他用自己背上的砍刀砍了一根粗树枝给曲焕章当拐杖。

"来,拄着!林子里湿气大,不能久在。先跟我回寨子休息吧!"

曲焕章拄着拐杖,在腊果的搀扶下站了起来。

"感谢你了,改日再登门讨教吧。我妻子还在家中等候,我得先走一步。"

曲焕章拄着拐杖转身没走两步差点摔倒,腊果赶忙上去扶住。

"我们彝家药再灵,你这腿伤一时也走不了!来吧,跟我回寨子去!"

曲焕章无奈,只好点点头,于是腊果背起两个人的东西,搀扶着他朝山寨方向走去。

"兄弟,我叫腊果,那你叫什么名字?"

"在下姓曲,名占恩。"

"你们汉族人就是麻烦,瞧我这名字,腊果!多简单多好!呵呵!"

两个人都笑了,越走越远,身影消失在密林深处。

三、彝药

曲焕章拖着病体在寨子里为彝族同胞们或针灸或推拿按摩,解除他们的病痛。看到乡亲们交口称赞,腊果则对曲焕章投以更加信任和欣赏的目光。

过了些天,腊果帮曲焕章拆去腿上的绷带,看到伤口已经基本痊愈。曲焕章对腊果竖起了拇指,起身来回轻轻走了两步,虽然还有点跛不敢让那条伤腿太吃力,但行走已问题不大。

半月后的一天,腊果拎着一只野鸡回来说:"兄弟,这些天你拖着病体还在给寨子里的人们医病,真是辛苦啦!今天我特意抓了只野鸡来给你补补身子!"

"腊果兄,我来'勒乌'寨子十多天了,多亏你悉心照料,腿伤恢复迅速,已无大碍。我今日就告辞了!"

腊果阻拦说:"不急!等全好了你再说走的事情!"

"腊果兄,出门家妻只晓得我上山采药,最多两日便归,现如今已半月了,我妻子肯定已心急如焚,着实无法再久留。告辞告辞!"

"你当真要走?"

曲焕章点了点头。

"好,那你跟我来!"说完腊果转身就出去了。曲焕章疑惑地跟了出去。腊果带着曲焕章来到寨子边上。

"兄弟,既然你一定要走,我也不好阻拦。为了感谢你刮痧治好我肩膀的痹症,又给咱许多彝族兄弟姐妹看了病,我就想把你一直想知道的那些事都告诉给你!你腿伤之时我采来捣烂后给你外敷的那两味草药还记得么?"

"记得,彝语是叫'斯赤列'和'一妹姑班'。"

"你记性倒好。我现在指给你看,这就是'斯赤列',那个是'一妹姑班'。你们汉人可认得吗?"

"哎呀,原来就是接骨木和山海棠啊!"曲焕章恍然大悟。

"噢,你们是叫接骨木和山海棠!好,还有这个……。"说罢腊果从怀里掏出那个麂皮做的小药包递给曲焕章。曲焕章接了过去打开看着。

腊果说:"这就是当时给你敷的药粉,我们彝语叫'号务宰莫',治跌打损伤可是确有奇效!此时此刻你也应该体会到了吧!但其实它并不神秘,说穿了只是拿四种草药粉末混在一起制成的。有糯米草根、紫草根、打不死和刺桐皮。看,这就是'打不死'!这草没名字,扔到哪儿都能活,因此就叫'打不死'了。刺桐树是那个,无论哪个彝族寨子周围都种着的,你要树皮尽管去剥就好!"

曲焕章蹲下捡起那"打不死"看着,惊讶地问:"真的这么简单?"

"咱们彝家用药讲求少而精,很多方子都是独味药,复杂的也不过四五味而已!"

曲焕章抱拳道:"多谢腊果兄教诲,令占恩眼界大开!佩服佩服!"

腊果望着曲焕章,很爽朗地笑了起来。

腊果牵着猎犬,一直送曲焕章到原始森林出口处。

曲焕章从彝寨回到家时,儿子已出生几天了。他坐在床边,开心地注视着自己怀中的孩子。李惠英则靠在曲焕章身上,显得十分幸福。

"真是让你受苦了!我对不起你!要不是当时我正……"

李惠英微笑着用手指轻轻堵住曲焕章的嘴。"别说了!只要你伤无大碍,人平安回来就好!占恩你看他睡得多好啊!给孩子取什么名字?"

曲焕章注视着孩子说:"曲家排到他这一辈是个'万'字。'鹰鸢犹以山为卑而增巢其上。'增,益也。希望将来儿子能够给咱们家增福增寿!那就叫'万增'吧!"

李惠英点点头道:"曲万增!万增,小万增!呵呵!"

四、出逃

曲焕章背着行医的褡裢走在乡间的路上,过往认识的人都跟他打招呼。走着走着村子离他越来越远了。突然,背后三个匪徒冲过来用绳索将他牢牢捆住。

曲焕章惊愕道:"你们……"还想喊嘴里却已被塞上毛巾,眼睛被用黑布蒙上。一辆接应的马车驶来,三人将曲焕章推上去,然后都紧跟着跳上车绝尘而去。

马车在山里转来转去,最后土匪将曲焕章押送至山里匪首吴学显的藏匿处。

土匪把曲焕章眼上蒙的黑布除去,又将嘴里塞的毛巾取出。曲焕章眼睛适应了一下光线,随即观察四周的情况,大口喘息着。

匪首吴学显身材高大,满脸络腮胡子,十分粗犷。他正端坐在那里盯着曲焕章,周围簇拥了一些土匪喽啰。吴学显大声喊道:"松绑!"于是,吴学显手下将曲焕章身上捆绑的绳子解开。

"曲先生,你是江川出名的伤科郎中,对吧?"

"不敢当。"曲焕章回答道。

"我叫吴学显,你可听说过?"

曲焕章摇着头说:"没有。"

"人们都说我是土匪。"

"可能是吧。"

"其实我和你一样。只不过你救人性命,我夺人性命而已,差别不大!"

听了这话,周围的喽啰们都哄笑了起来。吴学显看看手下也很得意,他挥了下手,大家立刻安静下来。吴学显喊道:"抬上来!"

几个手下用担架将一个奄奄一息的年轻匪徒抬到曲焕章面前。

曲焕章看了看眼前这个浑身是伤的匪徒,又转身去看着吴学显。

"曲先生,我这个弟兄因为躲避官府追杀,从崖子上摔下来。我也找其他郎中来看过,说是全身上下骨折数处,无能为力。你能不能治啊?"吴学显向曲焕章说道。

曲焕章看着那个年轻的伤者正要答话，此时吴学显的手下却端了两个人头上来。

"报告！两个郎中的人头取了！"匪徒向吴学显大声说。

曲焕章心中大惊，竭力保持平静，但手颤抖得厉害。

吴学显正一脸平静地查看着手下端到面前的两个人头。

"学艺不精就不要做郎中么！耽误了病人，也耽误了自己。拿去后山埋了吧！"

"我……我……来试一试。"曲焕章紧张地说。

吴学显道："好！都让开！"

曲焕章走到病人跟前观察着，诊脉，查看眼底，用手顺着摸其身体四肢骨骼。开始用推拿按摩的手法为病人将各处摔断的骨头复位并用木板固定起来。汗水从他的额头流了下来，背部的衣服湿透。

吴学显紧盯着曲焕章的动作。

那个浑身伤痕累累的年轻土匪的眼睛慢慢睁开，苏醒过来。

一匪徒兴奋地喊道："醒啦醒啦！"

众匪徒赶忙过去围观，吴学显也赶忙走过去拨开众人查看。

曲焕章站在旁边看着，松了一口气，抹了一把额头上的汗水。

吴学显从人堆里走出来，也难掩脸上的兴奋。"曲先生，谢谢你救了我这个弟兄。"

"他身上骨折处已全部接好，好好休息就不会有事了！"

"来人！"吴学显喊道："送曲先生些银子。"有人端上来一盘银子。

"曲先生，薄礼一份，不成敬意。"吴学显说。

"曲某只是本着为医者的本分行事，这个就免了吧！内人幼子尚在家中等候，如若没有其他事宜，还请吴先生早些放我归家吧。"

"救人性命却不给报酬，传出去外人更要讲我吴某不义气了！"

曲焕章看了看吴学显，走过去从盘子里取了一块银子。说："一块银子足矣！"

吴学显点头道："送客！"几个手下过来再次将曲焕章的眼睛蒙上，在嘴里塞上毛巾。吴学显则一直注视着眼前这位郎中。

半月后的一天，老丈人、丈母娘跑来家里告诉曲焕章："村里有人告了官，说是看见你通匪！知县马上就要派人来抓了！"

曲焕章十分惊愕。

惠英妈把钱塞到女儿怀里，焦急地说："闺女，你们快走吧！先找个地方避一避再说！"

李惠英伤心地哽咽着大喊一声："妈！"

"占恩，马车已经都备好了！快走！"老丈人急催曲焕章道。

老两口不由分说将女儿和姑爷推出房去。

曲焕章夫妇抱着孩子坐马车直奔通海袁家。

夜深了，袁家却灯火通明。袁恩龄、袁槐和曲焕章的姐姐都来迎接逃难而来的曲焕章夫妇俩。

袁恩龄神情镇定，但面色凝重，他见惠英抱着孩子于是吩咐曲姐："儿媳妇，他们舟车劳顿了，你先带惠英和孩子下去休息！"

"惠英，咱们走吧！"

惠英抱着孩子，担心地看了一眼曲焕章，跟着姐姐回房。

"占恩，怎么会搞到这般田地？"

"我被人暗告通匪，可我是被他们强迫的！更何况作为郎中，见到个全身数处骨折、命悬一线的病人，难道因为他是土匪就不医吗？大爹，我，我现在心里也很乱。"

"事都已经出了，你现在乱还有什么用！"袁槐似安慰地对曲焕章说。

袁恩龄示意儿子停止，袁槐只好克制住自己的情绪。

袁恩龄沉思片刻。"槐儿，你现在去客房把扎奥请来。"袁恩龄对儿子吩咐道。

袁槐看了曲焕章一眼，转身出去了。

"大爹，扎奥哥来了？"曲焕章问。

袁恩龄点了点头。

袁槐带着扎奥来了，扎奥现在已是一个比原来更为彪悍粗犷的中年哈尼族汉子了。

扎奥一见到曲焕章，就过来拍他的肩膀。"哈哈！占恩咱俩又见面了。"

曲焕章心情复杂地喊："扎奥哥……"想说什么又没有说出来。

"哈，几年不见你变成了一条汉子了，连儿子都生出来了吧！"

"很抱歉这么晚还请你起来，但事关占恩的安危，委实不敢再耽搁了！"袁恩龄急着对扎奥说。

"刚才阿槐都跟我说了。袁举人，占恩的事就是我扎奥的事，有什么你尽管吩咐。"

"我想让占恩跟着你们马帮出门走走。一可躲避官府缉拿，二来也可长些见识，你意下如何？"

"没问题！自从前些年举人你和阿槐去到咱民族地区行医之后，咱们那里的人都思念你们呢。占恩啊，你就跟哥走吧！"

曲焕章犹豫着。

"占恩，事不宜迟，明早你就动身吧！"袁恩龄对曲焕章说。

清晨，袁家院子里，扎奥所领的弟兄正在将货物捆绑在马背上。

扎奥走到他的那匹威风凛凛的黑色头马前，马头上戴着丝绸扎的大红的马缨花，脖子下面还带着黄铜的马铃铛，很美。袁家人正在和曲焕章告别。

拴马石

"占恩，这是你生平头一遭出远门，在外要听扎奥吩咐，明白吗？"袁恩龄关心地吩咐曲焕章道。

"大爹！我会听扎奥哥的话的。"曲焕章回道。

"为了避嫌,'占恩'这个名今后就不要用了,叫'焕章'如何?"

"好,大爹,以后我就叫曲焕章。"曲焕章很爽快地回答道。

"曲焕章!焕者,光明鲜亮。章者,印绶之意。焕章,望你就此因祸得福,抱负得以施展,也不枉费我一番心思啊!"袁恩龄进一步解释道。

曲焕章感动地抱拳说:"大爹!你的话焕章铭记在心了。"

"去吧!"袁恩龄催道。

曲焕章来到姐姐、姐夫袁槐面前。"姐姐、姐夫,你们多保重!"

姐姐哽咽着说:"惠英和孩子就交给我们了,你放心走吧!"

曲焕章点点头,又来到惠英面前,惠英抱着孩子泪流满面地望着曲焕章。曲焕章看看她,又怜爱地看着自己的儿子。

李惠英说:"万增,问问你爹,他什么时候才能回家啊?"说完掩面在一旁难过得哭泣。

"惠英……你,你自己多保重,照顾好儿子!等着我!"曲焕章心情沉重地说。

李惠英点点头,实在抑制不住自己悲伤的情绪大声地哭泣起来。

院子里,扎奥一行人已经准备停当。

"举人,我们已经好了,可以出发啦!"

"焕章,快走吧!"袁恩龄又一次急催道。

突然,院子门口传来喧嚣的声音,仆人正在拦阻前来捉拿曲焕章的官兵们。

扎奥见状,赶忙将曲焕章拉入房间。一队清兵在捕头的带领下,冲进了院子。

"呵呵,袁举人,这么早就准备出门啊?"捕头闪着狡黠的目光对袁恩龄责问道。

袁恩龄镇定地笑着说:"赵捕头,今日有几个马帮的弟兄要上路,我送送他们!"

"袁举人,你可知你儿媳妇的弟弟曲占恩通匪一事啊?"

"赵捕头,据我所知,我家曲占恩为人老实本分,只知给人行医治病,不理其他。如今说他通匪,袁某实在难以相信,恐怕是搞错了吧?"

"江川县衙连夜派人到家中拿人,谁知早已人去屋空,那曲占恩没到您袁家来吧?"

袁恩龄跟捕头应付之时,扎奥已经悄悄拉着换上了哈尼族服装,头戴黑色包头的曲焕章从边上的房间里出来,混入马帮队伍中。

扎奥喊:"袁举人,没我们什么事。就先走了啊!"

"好!"

捕头厉声道:"慢着!把东西都给我卸下来,挨个人检查!"

"官老爷,我们还急着赶路……"扎奥说。

"不行!给我搜!"

扎奥的手下都亮出了刀子,手下的清兵见状也都亮出了武器。

捕头紧张地:"难道你们想造反不成?!"

扎奥按下手下人的刀:"官老爷,我们马帮行走江湖,就是为了混口饭吃,除了大米、盐巴、茶叶之外,闲事一概是不管的,还是请不要为难我们吧!"

"哼,闪开!我现在是奉命行事!"说着,捕头就过去挨个查看马帮的成员,当他走到曲焕章面前停了下来。

扎奥不动声色地从后背腰间掏出了别着的刀子。

此时,袁恩龄用眼神示意儿子袁槐,袁槐走了过去。"赵捕头……"

捕头的视线离开了曲焕章,转身看着袁槐。

袁槐赔笑着:"赵捕头,都是乡里乡亲的,没必要搞得那么僵吧?你看,虽说那曲占恩跟咱们袁家是沾些亲带些故,但毕竟他已经成家单过,他的情况我们现在也都不清楚。再说,知县大人是我爹的好朋友,如有作奸犯科的我们袁家自当亲自押解他到公堂之上,何劳如此兴师动众啊!"

"少来这一套,"赵捕头冷冷地说。袁槐又说:"赵捕头,你尽职尽责这是大家有目共睹的!若哪天我爹见到知县大人也自当为你美言两句的!"说着将银子塞到赵捕头手里。"辛苦了赵捕头!带弟兄们喝碗酒去吧!"

捕头掂掂手里的银子,看了看袁槐。

捕头对扎奥说:"你们走吧!"

扎奥看了看他,暗自将刀子收到袖筒里。

扎奥大声招呼:"弟兄们,上路!"

在捕头和清兵的注视下,乔装改扮的曲焕章跟着扎奥的马帮队伍出了院门。

另一边,惠英抱着孩子目送焕章走几乎克制不住,姐姐赶忙拉住她的胳膊,示意不要动。

捕头见马帮走了,回身一抱拳:"袁举人!兄弟业已查明,那人犯曲占恩没有到咱们通海来!打扰啦!告辞。"

赵捕头率兵走了,袁家人才松了一口气。

李惠英抱着孩子冲到大门外,想再跟自己的丈夫道个别。

但是,此时曲焕章跟着扎奥的马帮队伍已经走远了。

李惠英向前跑了几步才停下来,她望着远方,泪流满面。

姐姐跟出来,她见惠英难过没有过去,只是站在旁边不远处看着此情此景,捂着嘴哭了。

五、马帮之歌

红河在夕阳余晖的照耀下更加美丽动人。

曲焕章和扎奥的马帮一起沿着岸边赶路。

扎奥边走边说:"焕章啊,咱们民族地区虽说郎中少,但每个人都认得几味药。你要是想学些个民间的玩意儿,这趟你是走对啦!"

"嗯,我也正有此意。记得前次上山采药受伤,就是一位彝族大哥用他的药给治好的。只是简单的几味,但实在太灵验了!"

扎奥不服气:"只他彝族有药,我们马帮没有吗?哈尼族没有吗?傣族也有药,苗族也有药,壮族也有药,每个民族都有,且都灵验得很呢!"

"是啦是啦!那焕章就慢慢学吧!"

狭长的茶马古道穿过丛林蜿蜒着通向远方,原始森林里古树参天,奇花异草美不胜收。

天下着雨,路面湿滑,扎奥、曲焕章等人都披上了蓑衣,马帮艰难地在山坡上行进着。

因为常年有马帮行走,茶马古道的石头路面上留下了一个个深深的马蹄印。

曲焕章气喘吁吁地跟在后面,扎奥在最前面停下来回头望着他。

"焕章,行不行啊?"扎奥问道。

曲焕章喘息着说:"行!"

扎奥从道旁拾了根粗树枝递过来,说:"拿着,拄着点!"

曲焕章喘息着:"哎,谢谢扎奥哥!"

"现在上坡还容易些,下坡时就有你受得了!哈哈!遇到溪水要小心,周边会有蛇!你可得小心了?"

"好。"

"行不行啊?"

"行!"

扎奥看着曲焕章笑了笑，往前面走了。

曲焕章望了望前边，咬咬牙跟上去。

山地气候多变，那边还在下雨，这边却已经停了，晚霞映着山崖。

马帮的人们纷纷脱下蓑衣，将有些打湿的上衣脱了晾在马背上。

大家都非常开心，扎奥唱起了赶马的哈尼小调，嘹亮的歌声回响在山谷中。

第一次有如此这般经历的曲焕章自然也十分开心。

突然，一些石头从山崖上滚了下来！大家慌忙牵马躲避。

但有个弟兄却被小滚石砸中头部，血流满面，顿时瘫倒在地。

大家将他移到安全地带并围在他身边，曲焕章也赶忙跑过去。

曲焕章掏出盛着自制伤药的瓷瓶，愣愣地盯着那个受伤的马帮弟兄，拿着药瓶的手微微颤抖着。

扎奥不知已经从什么地方采来了草药，他两手拿着药挤进人群，他见曲焕章发呆，赶忙用胳膊撞了他一下。

扎奥着急地说："有捣药的吗？"

曲焕章猛醒，赶忙从褡裢里掏出捣药臼，扎奥立刻拿过去，把采来的药草放进去捣着。

扎奥将捣烂的药草敷在伤者额头的伤口上，然后扯下一块干净的布来为伤者包扎。

曲焕章在一边看着也插不上手，此刻他仿佛成了多余的人。

马帮点起了篝火，在原始森林里搭起了帐篷宿营。扎奥、曲焕章默默地坐在篝火旁烤火取暖。

扎奥从篝火上取下熬好的汤药，站起来走过去喂给那个被石头砸伤的弟兄喝。

曲焕章也回身看着，那个被石头砸伤的弟兄已经清醒可以起身服药了。

曲焕章转回来望着篝火发呆，扎奥转回来又到篝火边坐下，他看了看曲焕章。

扎奥笑着说："白天的事让你受惊了吧！"

曲焕章一愣，而后笑着摇摇头没有说话。

"咱马帮常年的在深山老林里钻，什么蜂蜇、蛇咬、毒蘑菇，滑坡、落石、泥石流都是家常便饭啊！焕章啊，我第一次出门走在这茶马古道上，也特别想家，但既然都出来了，就要朝前看，路总要走下去不是么？"扎奥深情地望着曲焕章说。

曲焕章说："扎奥哥，我不是想家，我是觉得自己真的很没用！扎奥哥，这次我出门，一半是因为有人告我通匪，一半就是因为我药术不精，愧对恩师啊！"

"所以白天你见到那个受伤的弟兄才犹豫不决？"

曲焕章痛苦地点点头，抬手就要将药瓶扔入篝火中，扎奥眼疾手快一把抓住其手腕。

扎奥把药瓶夺在手中："这药里有你的心血，岂能随意丢弃？焕章，我问你，今日你看我马帮伤药药效如何？"

"效验如神，自叹弗如！"

"你想学吗？"

"想学。"曲焕章点着头回答道。

"这可是用弟兄们的命换来的！"

曲焕章惊讶地望着扎奥。

"每次走在茶马古道上，我都会想起那些死在途中的弟兄们！你看看，现在这帮弟兄多年轻啊，他们早已不是当初和我一起出门闯荡的那些人了！焕章，你告诉我，你为了这药，又付出了多少？"扎奥拿着药瓶问曲焕章。

瀑布飞流而下，溪水潺潺。

马帮继续上路，昨日头部被石头砸伤的弟兄已经生龙活虎地赶着马走在前面。

扎奥在给曲焕章讲解着草药，焕章全神贯注地听着。

扎奥指着手里的药草说："这小草花腰傣叫它'雅了庆'，是傣族草医接骨配方里的一味灵药！传说有一对花腰傣夫妇上山捉青蛙吃，他们把捉来的青蛙捏断双腿放在秧箩里，准备第二天煮着吃。可结果转天一看，一只都不见了！他俩太奇怪了，又再次捉来青蛙还是捏断双腿放进秧箩，谁知又都跑了！经过几次观察，这对夫妻终于发现是自己垫在秧箩底的草有问题，青蛙就是吃这草才治好断腿逃跑的！"

"真的假的，这么神奇?"曲焕章将那药草拿在手中仔细观察着，又采集了一些收在自己的褡裢中。

"焕章，快来看!"

扎奥从水边湿地上采下一株植物拿给曲焕章看，曲焕章仔细观察。

这株植物的茎为紫色，叶子只一轮为七片，花只一朵为顶生，外轮花约六片，为黄绿色，内轮花约八片呈丝状颜色比较偏黄，雌雄同株，果实为蒴果。

"你可认得它?"

"我觉得像是'独脚莲'，也叫'七叶一枝花'。李时珍先生在《本草纲目》里说：'七叶一枝花，深山是我家，痈疽如遇我，一似手拈拿'！兰茂先生所著《滇南本草》中有记载，当属彝药才对。"

扎奥惊喜道："你可以啊，焕章!"

曲焕章谦虚地笑着说："只是读过，未曾见得。"

"嗯，这'七叶一枝花'也叫独脚莲，我们呢叫它'重楼'，是味彝药没错。它可是医跌打损伤必不可少的！有了它，再配上刚才说的'雅了庆'、仙鹤草、百步穿杨……"

"百步穿杨?"

也叫"独钉子!"

曲焕章寻思着："是不是《滇南本草》上所载的'独定子'?"

"不知道，还有地方叫'白马分鬃'。"

"是不是又叫'金铁锁'?"

"有叫'蜈蚣七'的!"

"嗯，'穿石甲'?"

扎奥恍然说："对对，好像也有这么叫的!"

曲焕章舒了一口气："咳，终于对上了！咱们说来说去都是一种药！不过你说的那些名我以前没听过。"

"'百步穿杨'、'独钉子'、'独定子'、'白马分鬃'、'蜈蚣七'、'金铁锁'、'穿石甲'我头有点晕!"扎奥掰着手指数着说。

曲焕章扶住扎奥的肩膀："哈哈！扎奥哥，人家说'博闻强记'，你给我补'博闻'这堂课，我来教你'强记'！"

"得了，扎奥脑袋里装不下，认得是什么药，知道怎么用就得了！"

"哈哈哈！哎扎奥哥，这'重楼'和'独定子'都有毒啊！"

"是，所以一般都是用它们来治外伤。"

曲焕章思索着说："嗯，如果少量内服我看也可以，不过得配以甘草等解毒的草药……"两个人一边走一边交流着。

曲焕章跟着扎奥的马帮来到了元阳的哈尼族山寨。在款待曲焕章的酒宴上，曲焕章对扎奥说："扎奥哥，这次跟着你出门闯荡，令我受益良多。焕章想继续游历下去，遍访名医，求得真药。我知你还要带领马帮折返回去，到此不用再管我了！扎奥哥，这一路给你添太多麻烦了！"曲焕章深深作揖鞠躬。

扎奥拦住说："哎，别这样！既然你心意已决，就照你想的去做吧！男子汉大丈夫，这点魄力总要有的！"

"扎奥哥，若马帮再经通海，能见到我的家里人，告诉他们我还活着，没事！"

六、拜师

曲焕章离开扎奥的马帮独自流浪了一个月,来到了个旧。因气候炎热,他胸前生了个流血流脓的大疮,大疮毒性发作,他终于支持不住昏倒在地。周围的行人吓了一跳,都不知发生了什么事,面面相觑之后渐渐围上来。倒地的曲焕章眼神迷离,意识渐渐离他远去……迷离之际他仿佛看到一个道士打扮的人将自己上身扶起,并呼唤着自己……

曲焕章迷迷糊糊醒来,发现自己躺在一间陌生的房子里,他观察了一下周围的环境,用手摸一摸,自己的前胸已经被包扎好,他挣扎着想坐起来。

此时,道士姚连钧端着草药进来刚好看到,赶忙过去将枕头垫在他身后使其可以倚靠。

"在下曲焕章!请问道长怎么称呼?"曲焕章拱手自我介绍道。

姚连钧行个稽首笑说:"贫道姓姚,名连钧,乃武当派门人是也。"

"谢先生救焕章性命!"曲焕章感激地说。

姚连钧微微笑着,问:"看你所携物品,也是位郎中,为何不自救,偏等胸口毒疮迸发当街昏厥?"

"先生有所不知,焕章遭人诬陷,官府缉拿得紧。于是星夜兼程,风餐露宿,本想找个安稳的落脚处再行医治,没料到病发突然。"

"现如今被官府缉拿的便是好人了!你我有缘,就不说那些啦!来,换药吧!"

曲焕章看着姚连钧端着的草药问:"先生用的什么药?"

"怎么,怕我加害于你不成?"

"不是不是!焕章自觉身上轻松了许多,正想向先生求教。"

"呵呵,只一味药。'大将军',你可听过?"

曲焕章疑惑道:"大将军?"

姚连钧点头说:"'大将军',也称'破天菜',这可是一剂毒药!平日里村民常将其丢入茅厕中作杀蛆之用！"

曲焕章十分惊讶地看着姚连钧手中的那草药。

"别怕！你那要命的疮正需'以毒攻毒'的法儿来治！这'大将军'消炎镇痛，专治疮疡肿毒，医跌打损伤也有奇效。"

曲焕章思索了一会儿问："若有人误食当如何解？"

"可先饮浓茶，而后甘草、防风各一两，水煎服即可解之！咱道家用药并不论药是否有毒，只论其病情是否该用。如若当用，则立竿见影！"

曲焕章点了点头，仔细回味着姚连钧的话。

"焕章，我看你也是对岐黄之术疯魔之人啊！得啦，等病好了再想！换药！"

曲焕章不好意思地回答道："多谢先生指点！"

山麓上花木繁盛，长臂猿穿越其间，庙宇建筑雄伟，气势宏伟。

曲焕章随着姚连钧游宝华山寺。

"康熙九年云游道人李仁杰以募捐所得凿石开山，在此创立寺观，迄今已有两百多年的历史了！"姚连钧望着神像说。

"太初有道，道生一，一生二，二生三，三生万物。万物负阴而抱阳，冲气以为和……焕章，追本溯源，你可知中医药的根在何处？"

曲焕章沉吟了一下回答："老子说'人法地，地法天，天法道，道法自然。'《内经》中写'人与天地相参也，与日月相应也。'《周易》则说'穷理尽性以至于命。'医圣孙思邈先生又讲'不知《易》不足以为太医'。那么，中医药的根就在易、在道了！"

姚连钧微笑着点头道："道家有五术，'山、医、命、相、卜'，中医和周易都在其中了。正所谓'玄之又玄，众妙之门'啊！"

曲焕章抱拳道："焕章欲跟随先生学道，请先生受焕章一拜！"

曲焕章说罢便要下跪磕头，姚连钧赶忙将他扶住。

"修道之人四海之内皆兄弟，不要这样！再者贫道尚且在修炼之中，哪里有什么可以传授于人的！"

"先生过谦了！焕章心意已决，从今往后愿随先生云游四方，学医问道！"曲焕章诚心地说。

"你还年轻,人生仍存种种可能,缘何偏要学医啊?"

"焕章希望成为像扁鹊、华佗那般妙手回春的神医,可以悬壶济世,救死扶伤。"

"哈哈!"姚连钧笑着朝前走了,曲焕章不知何故,赶忙紧跟上去。

"先生!"

"我是问你为何要学医!"见曲焕章欲解释,姚连钧摆手说道:"不必即刻回答我!"

姚连钧转身径自朝前走了,曲焕章怔怔地望着他的背影。

三天后,曲焕章对姚连钧的话有悟醒,便赶往山崖找姚连钧。姚连钧正坐在那里闭目打坐,曲焕章找到他。

"先生,焕章已思虑清楚,可以回答你的问题了吗?"曲焕章问姚连钧道。

姚连钧不紧不慢地呼了一口气说:"你先坐下来。"

于是,曲焕章在姚连钧身边坐了下来。

"先生,我……"

"慢着!你且看这景色如何?"

曲焕章鸟瞰下去,景色尽收眼底,顿觉神清气爽。

"天长、地久。天地所以能长且久者,以其不自生,故能长生也!焕章,你说吧!"

"焕章幼年丧父,继而丧母,皆是病故,眼看其痛苦挣扎却无力相救。因此从小发誓学医,一则为帮他人免受同样之苦痛,二则可凭此出人头地,光宗耀祖,告慰双亲。前日先生问我,为何想学医,即是这两个原因。"

姚连钧微笑着点头:"难得你如此坦诚。不过,真实原因却并不如你所说。"

曲焕章疑惑地望着姚连钧。

姚连钧转头望着远方:"真正驱使你的是你内心对死亡之深深恐惧!普天之下的每个人,从出生那一刻起便要学着面对死亡。王侯将相,贩夫走卒,皆不能逃也!"

曲焕章不停地点着头。

"既不能逃，何不养生？一切万物，人最为贵。人最善者莫若常欲乐生！乐生重生，尊生贵生，保生全生，摄生自爱，直至长生久视！我命由我不由天，学医的目的即在于此啊！"姚连钧闭目而说。

曲焕章立即起身下跪，嘴里说道："恳请先生教诲！"

"呵呵，起来，起来！我不是已经在教你了吗？"姚连钧说。

曲焕章不解其意地"啊"了一声。

"从那日我问的问题，到这几日你的思考，再到今日你我间的交谈，都是'药'啊！一味医心病的药！这种治病的方式，在道家医术中称其为'灵治'！"

曲焕章恍然大悟，他望着姚连钧心情十分激动，姚连钧则微笑着望着他。

一月过去了，曲焕章和姚连钧一直在飞霞洞学道打坐。飞霞洞，洞口左壁有明代阴刻'飞霞洞'三字，洞内钟乳悬垂，柱石擎天，造型千奇百态。全洞共有五厅二潭，洞厅相连，上下错落，水陆相通，实为一派洞天福地。

"焕章，道家五术'山、医、命、相、卜'，你想习哪一种？"姚连钧问曲焕章。

"师父，何谓'山、医、命、相、卜'？"曲焕章不解地问姚连钧。

"'山'术乃炼丹服饵，玄典符咒，超凡入圣之术。'医'术乃方药针灸、推拿灵治，治病救人之术。'命'术乃紫微斗数、子平推命，趋吉避凶之术。'相'术乃观天望地，相面风水之术，'卜'术乃周易占卜，奇门遁甲，太乙六壬之术。"姚连钧捋着胡子不紧不慢地说。

"回师父，焕章生性驽钝，还是只习'医术'一种。"曲焕章坚定地说。

"好，岐黄之术，性命之学。焕章，你须知性命，性命，是性与命！性乃心性，修心炼性，养命在前，而后才是问诊用药，治病救命。养命即是养生，生从十三，虚、无、清、净、微、寡、柔、弱、卑、损、时、和、啬。'虚无'乃心无杂念，恬淡于世事；'清净'乃内心清洁无染，俗念净除；'微寡'乃谨小慎微无过失，寡欲无贪；'柔弱'乃心柔不逞强，甘作弱者之心；'卑损'乃自视不卑不亢，减损太过的言行；'时和'乃知时达务，顺四时之变化，秉性谦和；'啬'

字则指生活崇尚俭朴。焕章，你可记牢了！"

"弟子谨记在心！"

"一切病，由心生！心安神宁，病从何生？道家打坐以心性为体，以精气神为用，以清、虚、静、定四字为工诀！焕章，跟着我念：

太上智光，烛照太虚，独此真阳，永劫长存。"

"太上智光，烛照太虚，独此真阳，永劫长存。"

"手不妄动，足不轻行，目不外视，耳不他听，口绝闲言，心无妄想！"

"手不妄动，足不轻行，目不外视，耳不他听，口绝闲言，心无妄想。"

"自朝至暮，洗心涤虑，无牵无挂，更远累害，制外养中，退藏于密！"

"自朝至暮，洗心涤虑……"

"我曾用'大将军'这味'毒药'治你胸前的毒疮，当时你颇觉不可思议，实际大可不必。道家用药，无论有毒与否，只要适用，就可以随心所欲。夫毒药者，将也，非毒药者，兵也。成帅者，必会用将，成良医者，必有驾驭毒药之能。逢疑难病如临劲敌，御敌者用将，御顽疾者用毒药，然用毒药与用将之理同耳！焕章，你要敢用毒药，善用毒药才行！"

"师父，毒药如何能善用？"

"你主修伤科，可认得这两味药？"姚连钧取出两味中药放在手上。

曲焕章看了看师父说："这是'马钱子'和'全蝎'。"

"你且说说它们的药性。"

"'马钱子'与'全蝎'均可疏经通络、活血散结、消肿止痛，且'马钱子'独具'搜风'之功效。此两者又均为有毒之药。若服用过量，前者可致惊厥、抽搐，重者窒息死亡，后者可致全身肌肉麻痹、瘫痪！"

"说得好！若你以毒药'马钱子'与'全蝎'相配伍，常人会认为是毒上加毒，但我告诉你焕章，真正之结果却是既能令'马钱子'搜风通络等功效倍增，又可消除'马钱子'所致的惊厥之症啊！"姚连钧解释了两味药的药性。

曲焕章惊讶地望着姚连钧，接过师父手中的药，放在手中看着，思索着。

"除此之外，对付有毒或偏性之药，还可以调和阴阳之法制约缓解其性。比如这锅中大黄，用酒煮软后捣烂如泥，制成小丸，另用滑石粉、甘草研为细末与之穿衣。每早晚各服三、五丸，缓泻、清血、排毒，周身污浊尽排而出，且并无腹泻等一切不良之症状！焕章，如今你疮虽好但仍需排毒，然你大病初愈体质尚虚，不宜用强，正合吃此药！"

"多谢师父！"

"砒霜有毒，防风可解；仙茅有毒，大黄可解；附子有毒，甘草莱菔可解。一阴一阳，一文一武，君臣佐使，辨证施治！凡悟道之人，便能明白中医的'中'字，不仅指中国，更是阴阳平衡、天人和谐之意啊。"

曲焕章望着师父点了点头。

半年后，曲焕章在师傅姚连钧的谆谆教导下，道术和医术有了很大的长进。于是，曲焕章和师傅姚连钧从飞霞洞回到城里，摆摊为患者治病，出售药品。

一天，师徒二人在街上摆摊卖药、为人治病，突然街头一片噪动，只见一队人马开了过来。几个法国人乘坐汽车鸣笛在前开道，后面跟着很多辆满载着大锡的马车，车队两旁还有一些清兵帮着押运，街上的中国老百姓纷纷避让。

"现如今大清朝气数衰微，列强们都虎视眈眈。法国人修滇越铁路为的就是要打通内陆，把云南的好东西源源不断地运走，比如这些个旧特产的'大锡'，哪个中国人看了不心疼啊！师父，你说如此下去，是不是就要亡国了？"曲焕章心情沉重地说。

"哎！正所谓大道废，有仁义。智慧出，有大伪。六亲不和，有孝慈。国家昏乱，有忠臣啊。每逢变乱之时，个人之价值就会凸显出来。如果大家都能以己之所长为国效命，又何愁不能挽狂澜于既倒，扶大厦之将倾呢?！"姚连钧也很痛苦地回了曲焕章的话。

师徒二人议论着，这时不远处有个身材魁梧之道士朝着这边走过来。

姚连钧敏锐地发觉，他先是一愣，而后马上招呼焕章："焕章！"

"哎！"

"你先把手头的事放一下，为师此时腹中饥饿难忍，这里有钱，去买碗米线来吃！"姚连钧想把曲焕章支走。

"好！"曲焕章拿着钱走了，他刚走，那位道士就到了摊前，朝姚连钧打了个稽首。

"师兄，没想到会在这里找到你！"道士很有礼貌地对姚连钧说。

姚连钧也打了个稽首回礼师弟："你也别来无恙啊！"

"师兄，咱们借个清净处说话！"

"好，请吧！"

二人互相紧紧盯着对方，一起走着。姚连钧跟着那道士到了一偏僻清净处停住脚步。

"师兄，如今因缘际会，你我总该有个了结吧？"道士眼放凶光地说。

"师弟，我出来云游四方就是想息事宁人，你凡事也不要逼人太甚！"

"我逼人太甚？真是笑话！没想到这些年你一点没变啊！快把书交出来！"

"休想，这有违师意！"

"得罪了！"道士仗剑朝姚连钧扑来，姚连钧也从背后抽出宝剑迎上，二人斗作一团。

曲焕章端着两碗热米线，三步并两步回到摊位前，见师父不在，忙问旁边摆摊的小贩："你可看到我师父去哪里了？"

"哦，刚才又来了个道士，两人一起朝那边走了！"小贩指着前方说。

"又来了个道士？"曲焕章自言道。

"是啦。"

"谢谢！"

曲焕章放下米线，朝小贩所指的方向走过去。姚连钧和那道士执剑你来我往，争斗得十分激烈，两人身上都已负了几处剑伤。姚连钧的剑与道士的剑搅在一起，两人同时一发力，两把剑同时都断掉。

正在此时曲焕章赶到，他看到此时的场面十分惊讶。

"师父！"曲焕章大喊道。

姚连钧听见曲焕章在喊他，便说："焕章，躲远些站着！"

姚连钧一分心，胸前被那道士重重击了一掌，姚连钧立刻回击一掌也击中

50

对方。

两人都倒在地上，口吐鲜血，曲焕章看着十分焦急。姚连钧和那道士爬起来以拳法再战，最终姚连钧尽全力将对方击毙，自己也身负重伤。姚连钧晃晃悠悠地站在那里，望着倒毙的道士，终于支撑不住身体也瘫软下去。

"师父！"曲焕章赶忙跑过去，将师父姚连钧扶起搂在怀中，并连声呼喊着："师父！师父！"

姚连钧微微地睁开眼睛，他的嘴唇颤抖着想说什么。

"师父，你等着，我去拿药！"曲焕章焦急地说。

姚连钧抓住曲焕章的衣襟："不，不要去！焕章，我，我怀里有……"

曲焕章没等姚连钧说完，赶忙伸手去他怀里掏，掏出的却是半部书，部分已经被鲜血染红。

姚连钧挣扎着轻声说："焕章啊，为师还有个大徒弟叫杜文昌，如今他可能在川西、康藏一带行医，若你有天得见，务必将这半部书与他手中另外半部合二为一，这是为师最后的心愿，你答，答应我！"

"是，是！"曲焕章猛点头回应师傅姚连钧的话。

姚连钧艰难地微微笑了一下艰难地说："焕章，为师，为师不能再陪你走了！"说罢姚连钧气绝身亡。

"师父……"曲焕章悲痛地哭喊着。

夕阳如血，坟地，一个刚刚修葺好的简陋坟冢。曲焕章以块木板权当墓碑，用刀刻上"姚师连钧姚真人之墓"几个字插在坟上。曲焕章边夯土，边哽咽地说："师父，那个道士焕章也给埋了！放心吧，离这儿远得很，我想您大概也不愿见他。师父，焕章要走了！以后，以后再来看您吧！"

曲焕章站起身，收拾情绪，最后望了一眼姚连钧的坟，转身走了。他的背影渐渐融入夕阳的余晖之中。

七、入狱

经过七天的跋涉,曲焕章终于回到了江川。此时的他衣衫褴褛,头发蓬乱,满脸胡碴。当他跨进自己的家门时,李惠英愣住了。

曲焕章兴奋地喊:"惠英!是我啊!"

李惠英又惊又喜,"你……"

"嗯!"曲焕章跑过来跟妻子拥抱,李惠英哽咽着道:"你,你……"

"我回家了!回家了……"曲焕章感慨地将妻子搂得紧紧的,惠英扑在他怀里轻声哭泣着。

回家三天后,刚好过年,曲焕章携妻子李惠英前往通海看望大爹袁恩龄及姐夫袁槐和姐姐。袁恩龄开心极了:"焕章啊,你回来就好!回来就好啊!

在通海的两天,曲焕章十分开心,他和袁恩龄促膝长谈,家事国事谈得十分投缘,最后在袁恩龄的一再要求下,他打算来通海开药店。曲焕章回江川老家处理家事后,邀约上儿时的伙伴周松年、郑存义两人到通海开起了药店。

一天,曲焕章上山采药,又被两名匪徒用黑布蒙上眼睛带到吴学显处。吴学显奄奄一息地躺在床上,腹部衣服已被鲜血染红。

看到曲焕章,吴学显虚弱地,勉强笑着道:"曲,曲先生,没想到吧?咱们又见面了!"

曲焕章冷静地说:"你现在尽量不要说话,保存体力。"

"好,好……我就不说了!请,请曲先生为吴某疗伤!"

"唉,伤得很重。"

"正因为伤得重,才冒昧请曲先生来为我疗伤。"

"我研制了一种新伤药,称作'万应白宝丹',也叫白药,可医一切跌打损伤、伤科急症。但你这是很严重的枪伤,我这药还没有尝试治过。如果用了药治不好,你可要念在上一次我治好你手下弟兄的情面上,对焕章网开一面呵!"

吴学显挣扎着说:"你怕死?"

"死倒是不怕，但如果我死了，就没人再去改进这'万应百宝丹'了，焕章心有不甘！"

吴学显停顿了一下，说："别废话，快来吧！我，我吴某也不是贪生怕死之人，若真死了就当是给你这药做试验了！"

"好！"曲焕章放下褡裢，掏出"万应白宝丹"、银针等开始为吴学显疗伤。他先用银针扎在几处穴位上为吴学显止血止疼。而后再用剪刀将吴学显腹部的衣服剪开，侧腹部流血的创口便露了出来，焕章用酒浇上去为他消毒。吴学显一声不吭，手却紧紧抓在床沿上，将床单都抓破了。继而用酒将刀消毒，之后切开创口将子弹取出，血顿时冒了出来。迅速将'万应百宝丹'粉末洒上去，血渐渐止住。曲焕章此时也十分紧张，他的手颤抖着继续将药粉均匀地敷在创口上，而后用白布将吴学显腹部创口缠上，又将"万应百宝丹"用酒喂他服下。

吴学显挣扎着起身服药，呛了一口酒，剧烈地咳嗽着。此时，一个手下端着枪跑了进来。报告吴学显道："头领，官军发现我们了，弟兄们正拼死顶着呢！请头领马上转移！"

"慌什么！唐继尧！你他娘的逼吴某太甚了！曲先生，前次吴某连累你吃官司，这次又来麻烦，我真是……"

"哎！祸兮福之所倚，福兮祸之所伏。孰知其极啊？没有你的连累，焕章也得不来今天这'万应百宝丹'啊！"曲焕章感叹着说。

"哦？怪不得此次吴某见先生觉得和前次比变化很多，看来这些年先生是很有些历练了！若今生你我还有机会相见，吴某愿闻其详！"吴学显歉意地说。

曲焕章关切地问："你现在感觉如何？可以走得脱吗？"

吴学显抚摸着自己的腹部说："用了你那'万应百宝丹'，吴某已经从阎罗殿门口转回来了！只要还有一口气在，我就要跟他唐继尧干到底！"吴学显突然感到伤口一阵剧痛，说不下去了。

曲焕章对吴学显的手下说："派几个人拿担架抬吴头领走！这些'万应百宝丹'给你们，凡找到安稳处，就给他换药，一天三次，切记！"

"是！"

53

"曲先生,那吴某就不多留你了!"说完吴学显用眼神示意手下,手下会意将一盘银子端了上来。曲焕章看了看,从褡裢里掏出一块银子,放在那盘银子上面说:"上次收头领的那块银子,这些年曲某未曾动用过,如今刚好完璧归赵。"

吴学显看着那块银子说:"曲先生,你真是世上最好的郎中。"

曲焕章摆摆手说:"治病救人是一个郎中的职责,吴头领就不必客气了。"

吴学显点头道:"好吧!大恩不言谢!曲先生,咱们后会有期!"于是,就派了两个手下人将曲焕章送走。

话说李惠英、郑存义、周松年三人得不到曲焕章的消息心急如焚,郑存义一拍大腿站起来道:"不成!我再出去找一圈去!"

"存义哥,我俩去找焕章吧!"周松年说道。两人正走到门口却迎面碰上了赶回来的曲焕章。

李惠英喜极而泣:"焕章……"跑过去扑入丈夫怀中哽咽着,嗔怪地说:"你这人怎么回事啊?出门也不和我说一声!"

曲焕章放开妻子:"没事没事,我这不回来了么!松年,存义哥,不好意思,让你们担心了!"

周松年关切地问:"焕章,到底出什么事了?"

曲焕章平静而掩饰地回答道:"没什么事。给一个病人出急诊,就没来得及跟你们说。"

"我还以为又像上次一样出事了呢!你,你吓死我了!"李惠英道。

"对不起啊惠英,让你担惊受怕了。"

郑存义见李惠英伤心,便说道:"平安到家就好,惠英你也别哭了。焕章你看病累了好好休息,我跟松年先走了!"

"嗯!谢谢你们啊!"曲焕章说。

李惠英眼泪汪汪地问曲焕章道:"饿了吧?我先给你煮碗米线去!"

曲焕章一把抱住妻子,此时他的精神才真正地松弛下来。李惠英被他抱着,仍然不知丈夫为何如此动情,但她还是搂紧了丈夫。

一天下午,曲焕章行医回来,走进院门,却发现院子里已经站满了人,他愣住了。

人们见曲先生回来了,马上围了过来。在旁边的郑存义见状,赶忙上前阻拦。

"大家莫乱!到我这边排队拿号!都过来啊!"周松年说。

郑存义伸手阻拦一个病人,"哎,那边排队去吧!"

曲焕章走进来,惊讶地问:"怎么人这么多?"

"大家不知从哪儿听说的,说您用白药给匪首吴学显治好了枪伤,于是就都慕名而来了!焕章,有这回事吗?"郑存义问曲焕章。

"存义哥,你听我说……"正想解释,院里突然闯进了一队官兵。

那当官的狠狠地对曲焕章说:"你以行医为名,却私通匪寇!给我带走!"

曲焕章来不及说话就被众兵士押走,最后送进了牢房。

年老生病的袁恩龄听说曲焕章被官府抓进牢里,情急之下口吐鲜血一命归西。整个袁府被铺天盖地的悲痛的哭声淹没了。

曲焕章入狱后的一个星期日,郑存义、周松年拎着东西来看曲焕章,在县衙监狱大门口和士兵周旋。

"哎呀,你就让我们进去看看怎么啦?"郑存义乐呵地对守护士兵说。

"什么怎么啦?这是什么地方,你想看就随便看?"士兵怒狠狠地斥责郑存义道。

"我们是曲焕章的老朋友!"郑存义凑着士兵说。

"老朋友,哼!就是老婆来了也不行!"守护士兵更加凶狠地冲着郑存义说。

"你怎么说话呢!"郑存义欲上前跟士兵理论。

士兵后撤一步端起枪恶狠狠地说:"你想干吗啊?!再无理取闹别怪我连你也抓起来啊!"

周松年一边推郑存义一边赔笑道:"哎,长官,你先消消气!我们没别的意思,就是好朋友给关进来,心里着急想探视一下。这点小意思,拿着跟兄弟们喝酒去!"周松年从兜里掏出银元塞在士兵手里。

士兵假意推辞:"哎哎,你这是干吗啊?别来这套啊!"

"长官,你就行行好,我们进去看一会儿就出来。"周松年对士兵求道。

士兵看了看银元,贪婪的目光瞅住周松年说:"进去吧!别耽搁时间。"

"谢谢长官啦!"周松年拉了拉郑存义。

郑存义气呼呼地瞪了那个兵一眼,然后跟在周松年后面进去了。

守牢房的老头将牢房门打开,周松年、郑存义便走进黑乎乎的牢房。郑存义朝曲焕章喊道:"焕章,我们来了。"

曲焕章赶忙迎了过来,惊喜地说:"存义哥、松年,你们怎么来啦?"

周松年手紧紧握住曲焕章的双手说:"焕章,你受苦了!"

"松年,这两天诊所和药铺情况如何?"曲焕章握着周松年的手问道。

"你不在自然也就没什么生意了。先别管诊所了,这是你姐托我们带给你的,还有我跟松年给你买了些江川大酥饼和盐水鱼!"郑存义说。

"唉,还没什么收入,却又让你们破费!"曲焕章难过地说。

"看你说的什么话!你就安心先待着,保重好身体,等大家想办法救你出去!"周松年说。

"我姐她怎么没来啊?"曲焕章不解地问周松年道。

周松年和郑存义面面相觑。过了一会儿,郑存义忍不住地对曲焕章说:"焕章,袁举人听说你被抓了,急得吐血而亡。这两天,袁府正忙着办丧事呢。"

曲焕章闻听袁举人去世的消息,如五雷轰顶般,低着头愣愣地发呆。

周松年和郑存义看着曲焕章这样也十分难过,两人交换了一下眼神,郑存义说:"焕章,你……"停顿了一会儿,周松年说:"焕章!本来我们不想告诉你,就是怕你在这个情况下经受不住,可是不告诉你又不行。所以……"

曲焕章摆摆手示意周松年不要说了,然后用手捂住自己双眼,稳定了一下情绪,抹去脸上的眼泪,抬起头来痛苦地说:"大爹待我不是父亲胜似父亲,哪有不悲痛之理。我姐她现在怎么样?"

"那天来诊所时看上去比较憔悴,不过应该无大碍,你放心。"周松年说。

"松年,存义哥,这次我被抓,不知要到什么时候才能出去。我虽然不在,但诊所和药铺的生意还得干下去!"曲焕章嘱咐道。

"焕章,要不还是等等再说吧?"郑存义接着曲焕章的话说。

"不,不行!听我的,你和松年分下工,通海店面这边由松年照看着。存义哥你和惠英先回江川去，并帮我把这份'万应百宝丹'的药方交给惠英。"焕章从怀中将一份药方掏了出来递给郑存义。

郑存义接过曲焕章递过来的药方小心地揣在兜里。

"存义哥，惠英是女人，做事多有不便。烦你帮她采购制'万应百宝丹'所需的各类药材，然后由她配制好给通海这边的药铺供货。"曲焕章叮嘱道："存义哥，这药方你可千万收好，不要被不相关的人看到！"

"哎呀，我你还信不过啊？"郑存义不高兴地冲曲焕章说。

"就是因为信得过才交给你去办！"曲焕章回道。

"将'万应百宝丹'治成成药零售的话，需附上一份文字说明，告知病者如何使用才好！"周松年说。

"松年说得是！"曲焕章道。

"好，我去安排，印制一些随药出售。凡遇不识字的，我就亲口告知这药如何用！"周松年说。

"嗯，松年，还是你想得周到！"

"那焕章你保重，我们就告辞了！"郑存义说完就往外走。

"等事都办好得了空闲，我们再来看你。自己多保重！"周松年说。

曲焕章微笑着点了点头，目送周松年和郑存义出去。

老头见周松年和郑存义从牢房出来，用力将门链拴好，挂上锁。

曲焕章站在门口，透过木头栅栏望着周松年他们的背影离去。

守牢房送饭给曲焕章的老头姓缪，大家都叫他缪师傅。他膝下有一女，叫缪兰英。有时缪师傅没空时就叫女儿给曲焕章送饭。这天，缪兰英送饭给曲焕章，见曲焕章坐在地上，背靠着床帮哭泣着。曲焕章一转头忽然发现了门口的缪兰英，赶忙用手抹去泪水，克制住情绪。

缪兰英试探地问："曲先生，你，你没事吧？"

曲焕章没有答话。

"没关系的啊！心里有什么难过的你哭出来，哭出来就好啦！"

曲焕章还是没有答话。

57

"我过来就是想告诉你一声,这几天按你的法儿给我爹针灸,他那嗜睡的怪病都没再犯啦!曲先生,感谢你啊!那银针等用完了我就还你!"

曲焕章摆摆手,示意没事。

"那,那我走啦。"说完将手中的饭放到曲焕章面前。

曲焕章也不说话,缪兰英自觉也再没有什么话好说了,有些失望地转身便要离开。

"我的一个亲人去世了。"

缪兰英转回身来,"啊?"

"他是我爹的好朋友。我爹妈死得早,他从小把我养大,教我学医,我和他之间的关系甚至比亲父子还要亲。"

缪兰英感动地问:"那你,你现在心里一定很难过……兰英能够体会得到。记得母亲死的时候,兰英还小,当时就是天突然塌了那种感觉。幸好我还有爹,他养育我成人,但兰英不敢想,如果有一天他也走了又该怎么办!所以,按你的法把我爹的病治好了,兰英很开心,真的。"缪兰英说到这里也哽咽了。

"吃饭吧!"缪兰英催曲焕章道。

曲焕章端起了缪兰英送来的饭菜。

缪兰英瞧着他,掏出自己亲手刺绣的崭新的烟丝荷包,递给正在狼吞虎咽的曲焕章。

曲焕章一愣,他看到上面绣着两只鸳鸯,一抬头发现缪兰英一脸娇羞之色。

"你这是……"

"闲着没事给你绣了个荷包,以后抽水烟的时候装烟丝用!"

"谢谢!可惜我不抽烟啊!"

"男人嘛,烟你总有一天会抽的!拿着——拿着啊!"

曲焕章接了过来看着说:"谢谢你!"

"客气什么!我给你打粥喝啊!"缪兰英打岔道,她不想让曲焕章感到自己太热情了。

八、出狱

曲焕章的姐姐处理完公公袁恩龄的丧事,又忙起救弟弟的事。她忽然想起了什么,站起来将自己的首饰盒拿来,摆在桌子上。打开首饰盒,里边有一些银饰,但数量并不多,最大的就是一个银镯。她拿起那个银镯,爱惜地用手帕擦拭着,在灯下仔细地看着。

袁槐生气地瞅了一眼妻子说:"你要干吗?"

"我想把这个银镯子,还有这点首饰拿去当了,凑上那两百石谷子好救焕章啊!"妻子望着桌上的银饰说。

袁槐瞪着眼睛吼道:"这可是你妈临终时给你的嫁妆!"

"哎呀不就是个镯子么,能有人重要吗?"

县府后堂地上堆着袁槐带来的两百石谷子,跟小山似的。县知事看着这些谷子很是高兴,脸上却尽量不露声色。

"知事,上次所讲的两百石谷子皆已备齐。您看……"

县知事吩咐手下赵捕头说:"你,把我的判决拿上!带袁大少爷去牢里提人!"

"是!"赵捕头又对着袁槐喊:"袁大少爷,那就请跟我来吧!"

袁槐白了赵捕头一眼,跟着他去县衙牢房。待到人走干净了,县知事看着这两百石谷子,得意地笑了。

曲焕章正在闭目养神打坐,忽然听到铁链子响动,牢房门被打开了,赵捕头带着两个士兵,还有袁槐跟在后面进来了。

曲焕章惊喜地说:"姐夫!"

袁槐看了他一眼,没有说话,又看了看赵捕头。

赵捕头打开早已准备好的县知事的判决书,念了起来:"兹查证,百姓举报江川籍郎中曲焕章通匪一案,其系被强迫之下为匪首吴学显疗伤,平日里并无往来。事出有因,通匪则查无实据。等情据此,准予无罪释放!"赵捕头念完将一纸判决收起来,带着两个士兵走了,牢里只剩下袁槐和曲焕章两个人。

曲焕章感激道:"姐夫!真让你们操心了!"

"走吧,你姐还在等着消息,有什么事回家再说!"说完,袁槐转身就先出去了。曲焕章看了看自己住的这个牢房,简单收拾一下衣物也跟了出去。

姐姐早已在院内翘首以盼,周松年也站在旁边等候着。此时,曲焕章先进入院内,袁槐随后进来。曲焕章兴高采烈地喊道:"姐!"

"焕章!"

曲焕章跑过去和姐姐紧紧拥抱在一起,姐姐则激动得热泪盈眶。良久,曲焕章才和姐姐分开,他们动情地注视着对方。曲焕章感动地说:"姐……"

姐姐拉着焕章道:"本以为你这次坐牢不死也得脱层皮,现在看看还好!真是爹妈保佑啊!"

曲焕章笑呵呵没事一样地说:"我福大命大!"

曲焕章看见周松年喊道:"松年!"说完和周松年紧紧拥抱。

"大姐告诉我今儿你出狱,叫来家里一起吃饭!"周松年说。

"嗯,看见你我太高兴了!"曲焕章兴奋地说。

姐姐高兴地说:"都进屋说话吧,今天咱们可得好好庆祝一下!"大家都跟着她进去屋内。

桌上摆满姐姐置办的丰盛佳肴,大家纷纷祝贺曲焕章。

曲焕章举杯道:"谢谢大家!焕章敬在座的各位亲朋好友一杯!"

众人纷纷举杯。

曲焕章端起酒杯,对袁槐说道:"姐夫,我姐都告诉我了,这次我能放出来都是因为你全力搭救!来,姐夫,我单独敬你一杯!"

袁槐木讷地说:"啊,我也不会喝酒,就免了吧。"

曲焕章笑道:"呵呵,我干掉,你稍微来一口,是个意思就行!"

"哎呀算了,你也少喝点儿,多吃菜!"袁愧不冷不热地说。

姐姐在桌子底下拍了一下丈夫的大腿。

袁槐惊道:"干吗啊?"

"你就喝点怎么了,今天不是给焕章接风么!你好人都做了,还差这杯酒么!"妻子怨责丈夫袁槐道。

"焕章,要谢你就谢你姐,为了救你凑那两百石谷子,她把首饰都当了,其中还有你妈给她当嫁妆的那个银镯子!"

曲焕章一愣,感动地望着自己的姐姐。

姐姐在桌子底下又打了丈夫一下,怒道:"你怎么净是说那些没用的?"

"怎么啦,有什么不好意思说的?"袁槐回道。

曲焕章动情地说:"姐!姐夫!焕章真心地感谢你们!这杯酒我自己干了,然后再干一杯,敬你们二位!"焕章说罢,自己连喝两杯酒。

姐姐关切地说:"哎,焕章……"

周松年见状,赶忙打圆场说:"呵,好酒量啊!焕章,你出来太好了!诊所和药铺都有救了!咱们努力打拼,定能在通海立足的!"

"松年说的是啊,这就叫大难不死,必有后福啊!以前的事就别想了!都过去啦!"姐姐说。

曲焕章点着头,微醺地说:"嗯……以前的只有一件事我还记着。姐,明儿我想到大爹的坟上去祭拜祭拜,行么?"

姐姐看了一眼丈夫,袁槐沉吟着也没有说话。

"不忙不忙,焕章你刚出狱,先休息一下再去祭拜也不迟啊!"姐姐说。

"不,姐,我还是明天就去吧!"曲焕章执意道。

见焕章如此坚持,姐姐也不好再说什么了。

第二天,曲焕章到了袁恩龄的坟前号啕大哭。双手伸进坟土里,抓住坟土捏了又捏。待手伸出来时,手指冒出了鲜血。"大爹,我对不起你老人家。欠了你老人家一辈子的情,焕章永远无法偿还,求大爹的在天之灵原谅焕章吧!"说完又号啕大哭起来。

没多长时间,曲焕章诊所的生意开始兴隆起来。

周松年在一旁给病人们拿附有说明的"万应百宝丹",一边记着账,笑着说:"焕章,我出去把咱们的旗子挂上啊!"

曲焕章答道:"好!"

周松年看着焕章精神抖擞、全神贯注的样子心里很是高兴,拿起那面写着"江川医师曲焕章秘制良药,'万应百宝丹'主治一切跌打损伤,伤科急症"的广告旗子出去。诊所里的病人络绎不绝,曲焕章和周松年两人忙得不亦乐乎。突然,一队士兵端着枪进来了,为首的正是前两次抓曲焕章的赵捕头。

曲焕章和周松年都愣住了,正在候诊的病人们也都吓了一跳。

赵捕头恶狠狠地冲病人吼道:"别看了!都给我走!走啊!"

捕头的手下也都恶狠狠地吆喝着,病人们慌忙起身出门离去。

"曲焕章!你这人怎么一点记性都不长,刚从牢里出来就又作恶?!"赵捕头吼道。

曲焕章和周松年面面相觑。

"焕章不懂,长官你这话从何说起啊?"曲焕章回道。

"我问你,你的'万应百宝丹'在省警察厅卫生所那边有备案吗?经过检验了吗?你凭什么公开制成药出售?谁给你的权力?"赵捕头振振有词地说道。

"回长官,这白药经由无数病人使用过,且多为外用,至今还没人用出什么问题来,普遍反应是有效,有奇效。我为方便患者,节约时间,才直接以成药出售,用法说明都已附上。这是江湖郎中约定俗成的售药方法,有何不可?"曲焕章争理道。

"嘿,你还强词夺理!别废话,给我抄!拿封条来!"赵捕头凶狠地对手下说。

周松年见状,赶忙从柜台拿银元在手赔笑道:"哎,先等等!等一下!长官您说的都对!我们知道错了!这诊所好不容易才开起来,可不能给封了啊!一点小意思不成敬意,您拿着。"

赵捕头假意推开道:"你少来这套!"

周松年继续赔笑着,赶忙又去多拿了些银元出来说:"长官,都是一个县的百姓,这低头不见抬头见,何必搞得那么僵呢!您说不能卖,我们就不卖还不成么?"

周松年又把钱继续塞给捕头,捕头看了看银元,蛮横地说:"我告诉你们,本来呢人家百姓举报属实,你这诊所和药铺今天是一定要封的!但念你们是初犯,再给一次机会!不过,你这店里所有的'万应百宝丹'成药我们都得抄走!"

周松年:"是是是,您说怎么办就怎么办!"

赵捕头吩咐手下道:"动手!将这些药收走!以后不许再卖了!"

周松年只得点头称是,继续赔笑着。

士兵们将诊所里所有的"万应百宝丹"成药以及说明书等一并查抄。

曲焕章看着他们将药品拿走,心中充满愤怒却又无可奈何。

"万应百宝丹"禁止出售,诊所里没有客人,曲焕章心情烦闷地坐在那里。

周松年站在门边,眼睛盯着对面福源药房的情况。他思索着说:"焕章,这两次的事肯定和咱们对面的'药房'有关系!"

"哦?"

"你不觉得奇怪么?通匪也好,售药也好,每次都是有百姓举报。且昨日那捕头问你怎么一点记性都不长!这分明是点给咱们了!"

"松年,没什么证据也别妄自揣测。"

"不是!你想啊焕章,咱们是外乡人,初来乍到的,在通海这边没什么仇家,普通老百姓只管你药好,谁会这么多事!除非是咱们影响到他的利益。"

曲焕章沉思了一下,点了点头。

"松年,当初我只想着通海这边商贸发达,能够将生意做大,但没想到这潭水可比江川老家深得多了!你我没权没势,今后又该如何应付呢?"

周松年也沉默了,思索着。

正在此时,一个管家模样的男人走了进来,看看曲焕章和周松年。

"请问,曲焕章曲医师是哪一位?"男人问道。

曲焕章看了周松年一眼,对来人说:"我就是。"

"噢!曲先生,我是通海富滇银行总办卢子善卢老先生的管家。听闻先生医术高超,药效如神,卢老先生特意派我来请你出诊。"男人说。

"好,你等等,我收拾一下!卢老先生什么病?"

63

"哦不是不是，卢老先生没病，是他三姨太的爱犬。"男人说。

曲焕章愣了一愣问："什么？"

"我说的是卢先生的三姨太的爱犬啊！早晨仆人去遛的时候不小心，它跟野狗咬打起来受伤了！"

"不好意思，我是给人看病的，狗的事请找兽医去！"说着曲焕章把手中的东西放下了。

"曲先生，卢老先生最爱的就是这个三姨太，这条狗又是三姨太的最爱，所以才点名请你去看啊！"

"我不管你谁爱谁谁的狗，我是给人看病的！"

周松年赶忙打圆场道："焕章，就算是狗也是条性命啊！上天有好生之德，为医者救死扶伤，你总不能见死不救吧？"

曲焕章停下来抬头诧异地望着周松年，周松年赶紧冲他使了个眼色。曲焕章愣住了，望着松年有些疑惑。过了一会儿，有所醒悟地挎着行医用的褡裢，一脸郁闷地跟着那个男人走了出去。

曲焕章进了卢公馆。年轻的三姨太搂着放在双膝上的爱犬哭泣着，那狗的大腿被咬伤，浑身是血，奄奄一息。身材臃肿的上了年纪的卢子善好言相劝着，急得满脸是汗，旁边有人给扇着扇子，他却还得不停地拿手帕擦汗。

"别哭啦！不就是条狗么！死了再弄一只！"卢子善哄着三姨太道。

"丢丢是最好的狗，死了就再也没有啦！呜呜呜……"

卢子善无奈地说："好了好了，郎中马上就来啦，别哭啦！哎呀……"

"老爷，曲焕章医师我已经请来了！"男人说。

"卢总办，您好！"曲焕章向卢子善打招呼道。

"好好好，快来快来！"卢子善回应道。

曲焕章对三姨太说："你把它交给我吧！"

三姨太看了卢子善一眼，对眼前这个郎中还有些不信任。

"快把狗给医生！"卢子善急催道。

"你用手蒙着狗的头！"曲焕章对三姨太说。三姨太点头照办，她一手搂着

64

狗，一手挡住狗的脑袋和眼睛。曲焕章将褡裢放下，从里面取出剃刀、酒和白药。周围的人都睁大了眼睛，看着曲焕章操作。曲焕章沉稳地用剃刀将狗伤腿上的毛刮去，然后将用酒调好的白药敷上，最后用白布包扎好。弄完了，曲焕章将东西收拾好准备走。

卢子善惊讶地说："这就完啦？"

"是，完了。"曲焕章回答道。

"狗还能活吗？"

"能活。"

卢子善马上转身去看三姨太腿上的狗。三姨太此时也将挡住狗脑袋和眼睛的手慢慢拿开。

那狗突然抬起了脑袋，一下活了过来且显得很有精神。

三姨太惊呼道："太好了！丢丢活过来啦！"

"嘿，真神啦！你这什么药？"卢子善又惊又喜。

"焕章自制的白药，名叫'万应百宝丹'。"曲焕章答道。

"'万应百宝丹'，好药，好药！曲焕章，好好好，人才啊！这药还有么？"卢子善问。

"曲先生，这药……"男人向曲焕章要药。

"不好意思，这药不卖了。"

卢子善听曲焕章说不卖，忙转身问道："这么好的药为什么不卖？"

"回卢总办，这药没到省警察厅卫生所检验备案，因此被县上查封了，不准我再卖。只剩下手头这点，刚好给您的狗用了！若您家是人伤了，我还不敢给用！"

三姨太摸着狗说道："这么好的药，凭什么不让卖！"

"是啊，这么好的药！曲焕章，我省上有关系，回头你去昆明，把手续办一下！"卢子善说。

曲焕章难以置信地望着卢子善。

"我们老爷既然说了，以后你就放心大胆地卖吧！"男人拍马屁道。

曲焕章惊喜地说："谢谢卢总办！"

"咳,什么总办总办的,叫大爷吧!"

"大爷!"

"我给省上打个电话,你派人明天就去办。"卢子善对曲焕章说。

"多谢大爷,我明天派人上昆明办证。"

与卢总办道别后,曲焕章高兴极了,哼着腊果教的彝家小调直奔诊所而去。

九、缘

六天后，周松年兴高采烈地拿着省政府警察厅卫生所颁给曲焕章的证书回到了诊所对着曲焕章大声说道："'万应百宝丹'检验合格，列案为优，准予公开出售！这下可好了！焕章，你瞧瞧，这个大公章盖得多正！我得把它挂起来，让某些人好好看看！"

"呵呵。"曲焕章拿着证兴奋得手舞足蹈。

"怎么样，我当初说让你一定搭上卢子善这棵大树没错吧？我算看透了！如今这世道，若想事业能兴旺发展，必须得倚仗靠山，这样才能免了囹圄之灾，也免了敲诈勒索！若没有靠山，你医术再高，药再灵也无济于事啊！"

"松年，你读的书多，今后就指着你出谋划策啦！那我就先走一步，卢总办晚上做寿，他要收我做义子，我得买些礼物给他送去！"

"出去理个发，精神点儿！"

曲焕章笑着出门去了。

卢府里张灯结彩，宾客盈门，都是来给卢子善贺寿的。县知事带着赵捕头也来了，卢子善很高兴，忙着招呼着客人，不时地拿手帕擦着脸上的汗。

曲焕章特意理了发，换了一身干净整齐的衣服，拎着礼物来了。

卢子善兴奋地喊道："焕章，你来啦！"

"大爹！我来了！"

"你看！带什么礼物嘛！"说完，招手示意让曲焕章来到自己身旁。俯耳说："今晚你该改口叫干爹了！"

"干爹！"曲焕章清甜地叫了一声。

卢子善高兴得"哈哈哈"地大笑，接着走进厅堂招呼客人。

大厅高朋满座，曲焕章紧挨着卢子善身边坐着，卢子善另一边坐着县知事。卢子善端起了酒杯站起来，一手还拿手帕擦着汗说："感谢！感谢大家捧场！一件喜事，是卢某六十五大寿！另外一件喜事，是卢某今晚要收干儿子！来，焕章！

替我跟大家干这杯!"

曲焕章接过酒杯,对大家说:"谢谢各位!幸会!"

县知事一直盯着曲焕章。

曲焕章干完酒坐下来,卢子善一拍他的手说:"焕章,这些个县里的名流我逐一给你介绍!"说完指着一旁的县知事说:"这位!我们县的父母官。"

曲焕章直视着县知事,笑道:"幸会!"

县知事点点头,假笑道:"幸会!幸会!"

"我干儿子焕章,以后大家多多关照!"卢子善对县知事说。

"一定,一定!"县知事皮笑肉不笑地回答卢子善道。

宴席至深夜才散去。曲焕章醉醺醺地走出卢公馆,一路上东歪西倒地往前走。行至一条街巷,曲焕章实在忍不住了,跪在街边吐了起来。

缪兰英串亲戚回来,路过街巷见曲焕章跪在街口呕吐,她十分惊讶,赶忙扶起曲焕章问道:"曲先生!你没事吧?"

曲焕章抬起头睁开醺忪的醉眼,十分惊讶道:"兰英?你……"说完,又止不住低头接着呕吐。缪兰英不停地帮曲焕章捶打着后背。

不知过了多久,缪兰英从怀里掏出一块手帕为曲焕章擦嘴。

曲焕章看着绣得美丽的手帕笑着说:"真漂亮。"

"看得上就留给你吧!"说完,缪兰英从包里掏出曲焕章为她父亲治病的银针说:"曲先生,我爹的病已经全好了,这银针还给你吧。"

曲焕章半醉半醒地说:"咳,留个纪念么!那天走得匆忙,也没机会和你道个别。"

"道什么别啊,平日里你不都在通海,我想见不是随时都能见么!"

曲焕章愣了一下,笑了笑没有说话,眼睛望着别处。

缪兰英说完也觉得有些尴尬。

缪兰英故意用手扇扇空气,转换话题:"哎哟,身上好大烟味儿啊!你不是不吸烟么?"

"没办法,陪一些人吃饭,不吸都不得。"

"我就说么，送你那个装烟丝的荷包一定会派上用场！但没想到会这么快哈！"

曲焕章呵呵笑着说："我酒醒多了，起来走走吧！"说完站起身来朝前走去，缪兰英看着他的背影笑了一下，马上跟了上去。

曲焕章和缪兰英登高望远，蓝色的远山，月光下银色的杞麓湖，暗绿平整的田野。曲焕章望着远方的景色说："以前觉着无论付出什么代价，只要能制出奇效专药就行。一则救人性命，二来可凭此一技之长混个温饱。然而今晚我才发现，原来事情远不止自己想象的那般简单！"

缪兰英也眺望着远方笑着说："只是吃了顿饭，就这么感慨啊！"

"可不止是一顿饭！你不会抽烟得抽，不会喝酒得喝，不喜欢的人你还得去应酬！"

"是啊，人生就像游戏，你想入场去玩，就得先掌握规则。"

"唉，我不知道自己是否真的喜欢这种游戏！"

"不管你喜不喜欢，只要你想得到，就得来玩。曲先生，你不要气馁啊！只有你自己强大起来，才能照顾好身边的人啊！加油吧！"

曲焕章转过头来和缪兰英充满感情地对视着……

郑存义搬着药品走进来，看到眼前的一幕愣住了。

曲焕章他们看到他也愣了一下赶忙站起来。

"存义哥，你来啦！还没吃饭吧？坐下一起吃！"曲焕章对郑存义说。

周松年走过去要从郑存义手里接过白药，郑存义没给，自己把药放到药柜里。周松年有点尴尬地回身看看焕章，郑存义放下药转回来，看着缪兰英。

"噢，存义哥，忘了给你介绍了。她叫缪兰英，是我坐牢时认识的，在牢里她爹没少照顾我，我给她爹治过病，一来二去大家就成了好朋友！呵呵，今儿她煮了饭菜来看咱们，你也尝尝，兰英手艺不错的！"曲焕章忙介绍道。

郑存义没说话坐了下来，眼睛一直盯着缪兰英。

缪兰英被他看得发毛，避开他的目光，走过去给他盛饭。

周松年也坐下来笑着岔开话题道："存义哥，你真行啊！这么快就把新货供给上了!"

郑存义正要说什么,缪兰英把米饭端给他,"存义哥……"

郑存义看着缪兰英嘴里却说:"焕章啊,为了赶这批药,可把惠英给累坏了!"

听见这话,缪兰英站在那里,有些尴尬。

曲焕章点点头,对缪兰英说:"兰英,你坐下啊!"

缪兰英只好在曲焕章身边的椅子上坐下来,她刻意将椅子往边上挪了挪,离曲焕章远一点。

郑存义瞥了她一眼,继续说:"焕章啊,做大哥的得说你两句。惠英挺着那么个大肚子,在家里忙里忙外地给你照顾儿子们,还得忙着配制白药给这边店里供货,太辛苦了!你应该多回江川家里看看她!"

曲焕章点着头说:"是啦,是啦。"

缪兰英在旁听郑存义说这些话很是尴尬,着实有些坐立不安。

郑存义看了她一眼,自顾自地吃着饭菜不再说话。

缪兰英尴尬地说:"曲先生,我爹那边还有事,我得赶紧过去了!"

"啊?那这些……"

"没关系的,我下次再过来拿就是了!再见啊各位。"缪兰英忙不迭地起身告辞,曲焕章、周松年站起来想送,人却早已出去了。

周松年和曲焕章面面相觑。

"焕章啊!这兰英对你……"周松年说。

"焕章,当哥的劝你一句!少和这个缪兰英继续来往吧!"郑存义说。

"怎么了?"曲焕章问。

"你家里还有老婆孩子啊!"郑存义说。

"哎呀存义哥你想哪儿去了!"

"我想哪儿去了?你这大白天的和大姑娘眉来眼去……"

"存义哥,我……"曲焕章想解释什么。

"存义哥,你别误会。"周松年说。

"男女授受不亲，看那姑娘的眼神，我就知道她是爱上了你。"郑存义说。

"哎呀，存义哥，你扯远了。"周松年说。

郑存义瞪着眼说："我这是跟焕章说，你少插嘴！"

周松年气哼哼地不说话了，径自到柜台后面算账去了。

郑存义见他去算账，回过头来继续对曲焕章说："焕章，你把心思放在事业和赚钱上没人讲你什么，可你……可你毕竟是结了婚的人了！"

"存义哥，焕章行得正你放心吧，今后我会注意的。"

这时，一个病人进来看病，曲焕章立即迎上去问诊。

郑存义无奈地望着曲焕章，而后又望了柜台后面的周松年一眼。

周松年还在气鼓鼓地望着他，一看他看自己，马上低下头去继续看账本。

曲焕章经过很长时间的思考，决定娶缪兰英为妻，于是去找姐姐说他的想法。

这天下午，曲焕章来到姐姐家，刚好姐姐、姐夫都在。他直奔主题对姐姐说："姐姐我要娶缪兰英为妻。"

"不行！不行！我不同意。好啊，原来我听到的那些风言风语到最后还是变成真的了！焕章，你疯了吧？姐不明白你到底怎么想的啊?！"姐姐气呼呼地说。

"姐，我就是再娶一房而已。关键是兰英她爱我，我也爱她啊！"曲焕章向姐姐解释道。

"你们爱来爱去的，那惠英怎么办？"姐姐责问。

"她还是原配妻子啊，正房！"曲焕章回答姐姐道。

"难道你忘了咱妈去世前嘱咐你的话了么？"

"没有啊。"

"咱妈都说什么了？你给我重复一遍，重复一遍！"

"妈嘱咐我说，第一，别学别人吸食烟土；第二，将来遇到爱你的好姑娘，娶了作媳妇一定要真心对人家。"

"我看你敢忘了！焕章，人家惠英当初是怎么对你的，啊！那时候你身无分文、一贫如洗，人家都跟你。后来你出门避祸，多少年音信全无，人家还等着你。可你呢，现在情况刚好了一点，就马上要娶二房！你，你这也太不厚道了吧！外

71

边人会怎么看你啊!"

"我,我对惠英也没什么不好啊!房子也买了,孩子我也都养着,以后我还会对她好的!"

"女人要的是这些么?!焕章,听姐一句,做男人不能这样!你要专一,要负责任!"

"姐,我没有不负责任啊!我娶兰英作二房,就是负责任啊!总比那些七八房的,或者那些偷着私下里养的强吧?"

"哎哟弟弟,你真是变了!变得我都不认识了!你怎么不学点好的啊?你瞧你姐夫,这方面做得多好,比你可强多了!"

袁槐放下书,无奈地说:"哎呀,你说就说,别扯上我行么?"

"姐,这事我已经决定了!今天来就想告诉你一声。剩下的你就别管了!"说着曲焕章转身头也不回地出门去了。

姐姐急喊:"焕章!焕章……"

此时,姐姐心里十分着急,袁槐放下书,看了看。

袁槐笑着说:"你看,从小这个弟弟都是你管的,现在人家长大了,还就不让你管了!"

妻子气恼地说:"有你的事吗?你少幸灾乐祸啊!"

袁槐拿起书说:"好好好,没我的事!以后你也少扯上我!"说完径自看书去了。

妻子瞪了丈夫一眼,又神色焦急地望着弟弟离去的方向。

十、展宏图

曲焕章和缪兰英结婚后诊所有所发展,看病的人越来越多。

一天,诊所突然来了一个穿军服的军官,开口便说:"曲先生,你仔细看看我是谁?"

曲焕章一听这话,心中疑惑,站起来走过去,仔细打量着这名军官。突然一惊:"你……"

"我是吴将军的副官,我的伤是你治好的。"军官说。

"哦!"曲焕章恍然大悟地说:"想起来了,你是吴将军的副官。听说吴将军被唐都督任命为军长了。"

"可不是吗?吴将军现在可风光了。吴将军派我来接曲先生到昆明发展,诊所都给你准备好了。"军官十分得意地说。

"谢谢吴将军的关照,通海诊所的生意不错。"曲焕章婉拒道。

"曲先生,请给个面子吧。你不去昆明,我可交不掉差了。"军官口气强硬地说道。

曲焕章知道这事是无法拒绝的,便对军官说:"你回去告诉吴将军,等通海的事处理完了我就上昆明。"

半月后,曲焕章带着周松年、缪兰英到了昆明。吴学显给曲焕章准备的诊所在南强街的热闹场所处。曲焕章和周松年对诊所非常满意。于是,稍作收拾便开始了营业,生意也十分兴隆。

一天下午,病人走完了,周松年拿起桌上的报纸十分激动地说:"焕章!你看看,报纸上到处是罢工的新闻!我认为政府没有真心地帮助劳苦大众!"

"松年,我发现了,你这个人无论多大岁数,心中总是充满着激情,思想永远是那么的激进。但你却又安贫乐道,游刃有余地过着寻常老百姓的日子。因此啊,我很钦佩你,也很相信你的判断。"

"焕章你就别挖苦我了。现在我也就是在读报时才能找回一点点激情了!"周松年说。

曲焕章正要说话,吴学显的副官急匆匆地跑了进来。副官气喘吁吁地说:"曲先生!快跟我走!"

曲焕章惊讶道:"啊?出什么事了?你不是和吴军长一起出征广西了吗?怎么回来啦?"

"哎呀,别提了曲先生!吴军长也回来啦!他,他的右腿在战场上中了枪,整个被打断了!"

曲焕章惊愕道:"啊?!他现在人在哪儿?"

"吴军长现在躺在'大法施医院'里!直嚷嚷着要你去呢!"

"那快走吧!"曲焕章急忙说道。

"焕章,给你!"说着缪兰英赶忙将曲焕章出诊用的褡裢递给他。曲焕章挎在肩膀上赶忙和吴学显的副官跑出门去。缪兰英和周松年也快步跑到门口目送他们离去。

吴学显的副官驾驶着汽车,载着曲焕章朝法国医院开去。

南强街上的老百姓很多,很拥堵,车想快也快不起来,副官只好不断地按喇叭。此刻看着昆明拥堵的交通,曲焕章内心十分焦急。

好不容易才驶出了拥挤区,汽车朝医院方向飞驰而去。

吴学显躺在病床上,右腿上缠着纱布,鲜血已经渗出来,他人很虚弱。病床周围围着好几个法国医生、护士,他们正交头接耳嘀咕着什么。吴学显边忍着疼痛,边听着他们说法语,心情十分烦躁。他拼尽力气吼道:"都他妈别在这儿说鸟语了!都给我滚!"法国医生、护士们听不懂,面面相觑,都看着翻译。随行翻译也很为难,正想着如何给他们翻译。

正在这时门开了,曲焕章和吴学显的副官站在门口。吴学显看到曲焕章,脸上艰难地露出了一丝微笑。他忍着疼痛,故作幽默地说:"曲先生,你是不是觉得这场面似曾相识啊!"

法国医生跟翻译说了几句,翻译转述给曲焕章和吴学显的副官。

翻译对曲焕章说:"法国医生们说必须把伤腿整个截掉,吴军长才能活命。"

听完这话,曲焕章望着吴学显。

"别听他们的屁话!没了腿老子还能打仗么!"吴学显显得有些激动。

翻译十分为难,唯唯诺诺地说:"是,是。"

"曲先生你说,现在怎么办?"吴学显对曲焕章说。面对着吴学显求助的目光,曲焕章沉默了。几个身穿白大褂、身材高大的法国大夫和护士站在病床周围。身着长衫、挎着褡裢、身材瘦小的曲焕章站在这群人中间显得很怪异。曲焕章将吴学显右腿上的纱布拆掉,发现已被缝合的伤口还在渗血,且已化脓腐烂。曲焕章看着吴学显,此时吴学显已经很虚弱,脸色苍白,嘴唇干裂,额头上冒着虚汗。一名法国大夫正在拼命地用法语,比划着手势朝翻译还有吴学显的副官解释着什么。

翻译对法国人点着头说:"啊,啊。"然后转过头来对曲焕章和副官说:"他说虽然子弹已取出,但创口感染得太重,必须得截肢,否则性命不保!并且这不仅是他个人的意见,是整个诊疗小组的意见。"

曲焕章和吴学显副官听了没有说话,面色凝重。法国人又用法语向翻译补充着什么。

翻译对曲焕章说道:"法国医生还说,这不是一家医院的意见,而是他们大法施医院、惠滇医院、陆军医院三家医院的统一意见。"

吴学显听到,拼尽气力插话说:"别再听这些法国人放屁了!曲先生,你,你就快给我治吧!我只信你!"

曲焕章点头,转过脸对翻译说:"你跟他们说患者本人不同意截肢,并要求由我来接手给他治疗。"

翻译将曲焕章的话翻译给法国大夫,法国大夫情绪很激动,连连摆手,用法语质问着。翻译为难地对曲焕章说:"法国医生不同意,他们说如果万一病人死亡,他们大法施医院承担不起这个责任,这点上他的态度很坚决。"

"用不着他们担责任,要是死在焕章手上我就认命了!"

"跟他们说,我们也很坚决,出了问题由我曲焕章负全责!"

翻译只好又将这番话翻译给法国人,法国大夫们互相交换了下意见,然后对翻译讲。

翻译对曲焕章说:"他们同意了,但要求吴军长和曲先生各签一份责任书,说明此事为病人自愿,无论出现任何情况,都与医院没有任何干系!"

吴学显虚弱地说道:"就别废话了,快拿来我签!"

翻译做了转达,于是法国人将笔和两份责任书交给曲焕章和吴学显。

副官帮吴学显拿着,吴学显艰难地在上面签了自己的名字。

"曲先生,吴某这条命本来就是你给的,即使今日再丢掉也无所谓!咱们是拎着脑袋出来混的人,早他妈够本儿了!你就放心大胆地治吧!"

曲焕章点点头,在责任书上签下"曲焕章"三个大字交给法国人。

曲焕章将褡裢放在病床旁边的桌子上,从里边掏出自制药酒、白药以及刀子等器具。

此时法国人跟翻译耳语了几句。

翻译对曲焕章说:"法国大夫说对中医很感兴趣,问是否可以让他们在这儿观看你是如何治疗的?"曲焕章全神贯注地准备着,根本无心回答,他正用火焰给刀子消毒。

"让他们看,好好学习学习!"吴学显说道。

翻译马上转述,法国人连连点头。

曲焕章拿着消毒过的刀,对吴学显说:"《外科心法要诀》中讲,腐者,坏肉也。腐不去则新肉不生。盖以腐能浸淫好肉也,当速去之!若遇气虚之人,则惟恃药力以化之;如遇气实之人,则用刀割之取效。吴军长,此时你虽虚弱,但伤情不等人,仅凭药效已无能为力。我需先用刀将腐肉剔除,之后再行敷药。你可撑得住?"

"好,那今日就让吴某仿效一下刮骨疗毒的关公!来吧!"

曲焕章点点头,取来药酒递给他说:"我自制的骨伤药酒,你先喝下去!"副官将酒瓶接过去,递给吴学显,吴学显咬掉瓶塞,咕嘟咕嘟喝了几大口。

曲焕章看着他,然后又取烧酒来倒在其伤口上消毒,吴学显疼得大叫一声。在周围观看的法国医生们都很吃惊,面面相觑。

吴学显忍住剧痛喊:"我,我没事!曲先生,请快些动手!"然后对副官说:"过来!按住我!"

副官过去用力按住吴学显的双肩。

曲焕章开始用刀尖挑断伤口的缝线,然后开始一点一点割去腐肉。吴学显疼得直叫,双手紧紧抓住副官的胳膊,使劲攥着,副官被抓得生疼,也咬牙忍着。法国大夫们都大惊失色,议论纷纷,对翻译用法语抗议。

"法国医生说为什么不用麻药,这太不人道了!"翻译对曲焕章说。

曲焕章边操作着边回答:"他们西医用麻药,伤口恢复起来就慢了!"翻译听完,马上告诉法国人。汗水从曲焕章的额头渗出,他整个后背都湿透了。

吴学显大叫一声,疼得昏死过去,周围有的女护士掩目不愿再看。

曲焕章继续全神贯注地用刀割着,伤口终于流出了很多红色的鲜血,曲焕章把刀扔在盛着腐肉的托盘里,旁边有人把托盘接过去。曲焕章取过装有"万应百宝丹"的药瓶,拔掉塞子,将白药撒到伤口上。刚刚还不断涌出鲜血的创口,白药撒上去后血渐渐地止住了。

四周围观的法国人还有翻译等看见这个奇迹般的景象,脸上都露出惊奇的神情。

曲焕章用纱布将伤口包扎好,他望着昏死过去的吴学显,抹了一把头上的汗水。

缪兰英不安地坐在诊所里,焦急地等待着丈夫曲焕章的消息。周松年则不时地走到门口向外张望,然后又转回来在屋里踱来踱去。

不知过了多久,疲惫不堪的曲焕章挎着行医的褡裢缓缓地步入诊所。周松年一见赶忙迎上去,缪兰英也马上站起来。

周松年关切地问:"焕章!事情办得怎么样了?"曲焕章摆摆手,累得说不出话来,周松年赶紧扶他到椅子上坐下。缪兰英端来一大杯茶水递给他说:"先喝点茶吧!"曲焕章望着缪兰英,接过去大口大口地将茶水喝干,抹了下嘴,点点头说:"没事,他的腿总算是保住了!"

听曲焕章这么一说,周松年和缪兰英都非常开心。

"哎呀，谢天谢地！你在昆明的事业刚起步，吴学显这个贵人可太重要了！"周松年说。曲焕章看着周松年，脸上露出了疲惫的笑容。

曲焕章和周松年来看望吴学显的时候，他已经可由副官搀扶着下床练习走路了。

吴学显见是曲焕章来了，十分开心。吩咐副官道："松手吧！没事！"副官只得将搀扶他的手松开。吴学显尝试着先自己站稳后，马上抬头得意地朝曲焕章笑着。

曲焕章和周松年也相视而笑，看着吴学显继续动作。吴学显将负伤的右腿慢慢抬起，向前迈出一步，落下，然后继续朝前走。但他没走几步就支持不住，差点倒下。幸亏副官和曲焕章等人眼疾手快将他扶住，并搀到床边坐下，吴学显满头大汗。

曲焕章道："你不要急啊！俗话说，伤筋动骨一百天，这腿啊得慢慢恢复！放心吧，我保证完好如初，绝对不会落残的！"

吴学显看着自己的伤腿说道："曲先生，上次我肚子中枪，是你拿白药救活的。这次是腿中枪，还是你拿白药救活的。结果就让人产生一种错觉，好像我生下来就是为了给你那'百宝丹'当活广告的呢?!"闻听此言，曲焕章、周松年还有吴学显副官等人都笑了起来，吴学显也笑了起来。

这时，病房的门被推开了，法国医生和护士们带着翻译进来了。法国医生对翻译说着什么，翻译转述给曲焕章："法国医生说，这次看曲先生给吴军长治伤，大家都很佩服你，认为你创造了奇迹！中医中药实在是太神奇。因此他们有个不情之请，希望你以后能经常来这儿和他们交流医术，如果方便，可否将'百宝丹'赠给医院一些作研究用？"

曲焕章笑了，没有说话，看了看周松年，周松年也摇了摇头。

法国医生对曲焕章竖起大拇指，用生硬的中国话说："白一宝一丹一好！"

吴学显生气地对翻译说："你告诉他们少来这套！'百宝丹'是我们中国医生的秘方，怎么能随便给他们呢！你们这帮法国人，治病没本事，要起东西来脸皮倒是厚得很！"

法国大夫们听不懂，纷纷看着翻译，翻译无奈，只好随意翻了一些给他们。这些法国人都很无奈地耸耸肩膀，以示遗憾。

突然，病房的门被撞开了，一帮记者闯进来了，吴学显吼道："哎，你们这是干什么啊？"

"吴军长，报社听说了曲焕章先生用神药治愈您腿伤的事迹，特意让我们过来采访的！"一记者说。

"是这样啊，好！焕章，来，到我身边来！你们好好拍！多拍几张！"吴学显将曲焕章一把拉了过来。曲焕章微笑着站到吴学显身边，吴学显将伤腿抬起来，摆好各种姿势让记者们拍照。一时间，镁光灯闪个不停。第二天各家报纸都刊载了曲焕章用"百宝丹"治愈吴学显枪伤的内容。大大小小的标题都很扎眼：什么"法国大夫气短，江川医师扬眉"，"曲氏百宝丹显奇效，吴军长断腿得保全"，什么"曲焕章圣手疗伤，中医药一改颓势……"无论是光顾酒楼饭庄的有钱人，还是街头巷尾的寻常百姓都在热议曲焕章治病的新闻。

位于昆明南强街的曲焕章诊所前一大早就排起了长龙。

曲焕章坐在诊所里应诊，忙得不亦乐乎，缪兰英则帮忙给一些伤者包扎。周松年给患者拿药、算账、收钱。稍微得点空闲的时候，三个人互相微笑着对视一眼，心情都十分愉快。突然一阵喧哗，曲焕章回身一看，吴学显身后跟着副官，再后还跟着两个士兵抬着块盖着红布的大匾额。

吴学显大步流星走到曲焕章面前，两个人热情地握手。曲焕章低头观察了一下他的那条伤腿，吴学显会意，示范似的走了两圈，踢了几个正步。

"看见了吗，全好了！"

曲焕章微笑着点头："嗯！"

"曲先生，今日专程登门造访，是为你的两件喜事而来！"

曲焕章讶异道："我喜从何来啊？"

吴学显对副官点点头。于是，两个士兵将那块盖着红布的大匾额抬到曲焕章面前，副官将红布一下子掀开。匾额上书'药冠南滇'四个大字，落款是唐继尧。曲焕章等人看到匾额眼睛一亮，都十分惊喜。

曲焕章兴奋地看着吴学显："吴军长，这是……"

"怎么样，不错吧？你给我治伤的事，还有那'万应百宝丹'，连唐大都督都认得啦！于是我索性求他专门给你曲焕章题几个字，再制成匾送过来！"

曲焕章惊喜地说："吴军长，实在是太感谢啦！"

"这才是你第一件喜事！另外还有，唐大都督还要委任你为东陆医院滇医部主任，兼教导团一等军医正啊！来，接你的委任状！"副官取出委任状交到曲焕章手中。

曲焕章打开看着，大喜过望，然后又递给缪兰英、周松年传看，两人也都非常欣喜。

"曲先生，这下你可荣光啦！"吴学显调侃道。

曲焕章激动地对吴学显说："吴军长，我，我真是不知该怎么感谢你才好啊？"

"得啦！有机会给我弄几条江川的大头鱼和抗浪鱼来下酒就得啦！"吴学显哈哈大笑着说完亲切地拍了拍他的肩膀。

吴学显走后，曲焕章和周松年将唐继尧题的那块"药冠南滇"的匾悬挂在诊所墙壁的正中央。曲焕章从不同角度端详着那块匾。缪兰英看看他，又看看那块匾，笑得合不拢嘴。

曲焕章不住点头，高兴地说："嗯，好，好啊！"

"瞧把你给美的！"缪兰英瞅着曲焕章说。曲焕章走过去，近距离仰头看着那块匾，缪兰英也走到他身边和他一起看着匾。曲焕章说道："兰英啊，我跟你商量个事。"

"什么呀？"

"我想让万增过来帮忙照看家里这摊生意。"

缪兰英没有出声。

曲焕章继续说道："以后我每天医院诊所两头跑，实在有点忙不过来！万增呢也大了，又是长子，是时候让他锻炼锻炼了！你说呢？"

"你都决定的事了，还问我做什么？"

"我不是怕你有想法么。"

缪兰英笑着说："难道我是那么小气的人吗？让万增过来也好，我又不懂得看病这些事。"曲焕章也微笑着点头，伸手将她搂在怀里，继续抬头欣赏着那块匾。

夜深了，曲焕章还在琢磨着药的事。桌子上红布摊开，上面堆着"万应百宝丹"。他一手拿着师父姚连钧留下的半部古籍全神贯注地看着，一手抓碗里的饵铁来啃。他眉头紧锁，抓起一些白药用手捻着，看着那书思索着……

曲焕章废寝忘食地研读着堆积如山的中医药典籍，还时常带着儿子上山采药，仔细地琢磨一些草药的性状。

一天，曲焕章神秘地将三种贴着白纸黑字标签的白药依次地摆在桌上，说："你们看好了啊！这是原来的'万应百宝丹'；这是我新研制的，叫'重升百宝丹'；还有，这也是我新研制出来的，叫'三升百宝丹'！"

曲万增兴奋地说："爹，你的意思是它们一个更比一个药效强么？"

"是啊，从普通到重升再到三升，但凡伤科急症，应该说现在没有一种是我白药治不了的！全都有效，而且有奇效！"

"爹，太神了！"

"慢！还没完！你们看着啊！"曲焕章打开装着"三升百宝丹"的瓷瓶，将白药倒在桌面上，然后用手指在里边找来找去，翻出一粒红色的"保险子"放在掌心上给大家看。

"爹，这是什么啊？"

"这红色小药丸是我秘制而成的。它叫'保险子'，凡重伤或吐血不止者，先在'百宝丹'中找出并服下这粒丹药，便可有起死回生之功效啊！"

"焕章，我真佩服你！想得太绝了！这粒丹药不仅能急救，更可防伪啊！"周松年佩服地说。

曲焕章微笑着点点头说："家里人听好了，今后一定要提高警惕，以免有人来打探、窃取秘方！"

缪兰英听着没有说话，心里有些不是滋味。

周松年赶忙接过话茬："焕章，我去请江川的铜匠为你专门打造一枚防伪印章，样式由你自己亲自设计如何?"

"好啊!"曲焕章答道。

"还有，咱们这些新'百宝丹'可不可以考虑用特制的玻璃瓶装了上市?"周松年又出主意。

"是不是成本太高了?"曲焕章有些犹豫。

"虽然成本高些，但焕章你想象一下，透明的玻璃瓶里边装着白色的药粉，瓶口塞一些药棉花，再点缀一颗红色的保险子，多抢眼啊!"

"好! 咱们就用玻璃瓶! 松年，你去办!"

"别急，还有! 宣传是很重要的，我准备先给你写书，到时再请个好摄影师，拍些你给病人治病的照片加进去就更好了! 焕章，这次咱们要充分做足一切准备。"

一个月后，瓶装白药弄好了。大家看了新包装的白药都很开心，周松年注意到桌上还有另外几种没见过的新药。

"怎么样? 都装好瓶儿了，现在就等着定价上市了!"曲焕章得意地说。

"焕章，这几种是什么药啊?"周松年问。

"是我最近新研制出的药! 这是'撑骨散'，这是'虎力散'、'困龙散'、'保身药酒'、'万应华羊膏'、'癫疮药'。"曲焕章指着说。

"松年，这不算完! 今后等新'百宝丹'打开销路之后，我还要接着研制新药!"

"焕章，你现在这个状态就对喽! 呵呵! 噢，差点忘了，你的防伪印章造好了!"说着周松年从怀里掏出印章给曲焕章。

曲焕章接过印章来，仔细看着，大家也都伸长了脖子看着。印章铜制圆柱状，顶端柄把为一株草药的微雕，以螺丝扣分成三截，分别能印出不同的文字和图案。

曲焕章拆开印章又组合上，他非常高兴地说:"太好了，今后凡是咱家的药都由我盖章后再出售! 以防那些只想着牟利的坏人们伪造假药! 这章我还是随身带着吧!"

瞧着焕章认真的样子，周松年等都不禁笑起来，焕章也自我解嘲地笑了。

鞭炮声隆鸣，昆明南强街曲焕章诊所隆重推出新药，门头上挂出了大条幅，上书"江川曲焕章医师秘制'万应百宝丹'、'重升百宝丹'、'三升百宝丹'上市酬宾优惠"。

大长条案上摆满了玻璃瓶装的"万应百宝丹"、"重升百宝丹"、"三升百宝丹"以及其他各类新药。

曲焕章、缪兰英、周松年站在条案后忙着售药，对前来买药的顾客笑脸相迎。

曲焕章诊所前排起了长队，生意兴隆，忙得不可开交。

此时，昆明各大报社的记者也都涌来了，纷纷举着相机拍照，闪光灯频闪。

第二天，各家报刊均以醒目的标题刊登了曲焕章"百宝丹"销售火爆的消息。

瓶装新"百宝丹"上市之后，畅销川、黔、粤、赣、皖、浙、湘、鄂、豫诸省，还在上海、武汉及香港、澳门、新加坡、雅加达、仰光、曼谷、横滨等处建立代销处。

闲暇之余，曲焕章为周松年讲解自己的医药理论和心得体会。

周松年则提起毛笔以隽秀的字体为焕章代笔著书。

1930年，周松年代笔撰写的《草木篇》一书完稿，书中记述了曲焕章所知药物的性味、功能、主治等。

1932年，始写《求生录》一书，介绍曲焕章的"百宝丹"、"撑骨散"、"虎力散"、"困龙散"、"消毒散"、"洗肠散"、"清添散"、"红崩散"、"瘳阻药酒"、"保身药酒"、"干血痨药酒"、"跌打药酒"、"万应华羊膏"、"汲水膏"、"止血药"、"补脑散"、"癫疮药"等二十一种药的显著疗效，并刊载曲焕章本人医治伤员的情况和照片。

一天，周松年拿着刚完成的《求生录》来找曲焕章。"焕章，《求生录》已经完稿，可以印刷出版了。"

曲焕章笑着说："太好了，辛苦你了，松年！"

"给你过过目，看看还有哪里需要修改调整的?"说完周松年将书稿递给焕章。

曲焕章看了看，递还给周松年："松年！不好意思，最近应酬太多，我实在忙不得看了，你自己定稿就行。"

"这本《求生录》是以大药房的名义出版，开头这个序还是要由你亲自来写。"

"这样吧，我说你记。"曲焕章对着周松年说。

"好。"周松年很干脆地答应道。说完，周松年就取来笔墨纸张，抬头望着曲焕章，曲焕章则陷在思索之中。通海袁府，袁恩龄从小给曲焕章传授医药知识；原始森林，彝族猎人腊果给因为采药腿被猎夹夹伤的曲焕章敷药；篝火旁，哈尼山寨，马帮头领扎奥给曲焕章介绍哈尼族用药；个旧飞霞洞，山坡松柏间，姚连钧传授曲焕章道家心法、太极拳等……入山则学神农之遍尝百草，入都则求市隐之奇效专药，虽跋涉险阻，不辞足茧手龟，不怨得……曲焕章思索毕，一字一句地对周松年讲了起来。周松年飞快地记录着。

正当曲焕章的事业如日中天时，国民政府云南省召开医药界代表大会。会场里挂着大横幅，上面写着"云南省医药界代表暨选举大会"字样。曲焕章坐在主席台上正中央稍偏的位置上，望着台下那么多医界代表，心情有些激动。

主持人大声地宣布道："曲焕章先生当选云南医师公会主席！请曲焕章先生给大家讲话！"

台上台下的人们都向曲焕章报以热烈的掌声。曲焕章站起来走到发言的位置上，他尽量使自己平静下来，看了看下面，人们都安静下来。"今天，我很荣幸地站在这里，以新一届主席的身份与你们交流！大家都知道，中医中药有着数千年悠久的历史和辉煌的成就，是我们的国宝。鸦片战争前，中医一枝独秀。但帝国主义列强入侵后西学东渐，西医学也在中国落地生根。两种异质医学体系并存，冲突在所难免。在日益激化的中西医论争中，医界已有相当多的人对中医持轻视甚至反对态度，他们主张用西医取代中医，认为中医已落后于时代，是封建迷信的骗人把戏。今天我可以斗胆告诉在座的各位，中医中药不但有效，而且是有奇效！如若不信，曲某的'百宝丹'就是例证！"

台下响起热烈的掌声。

曲焕章挥手示意安静，继续讲道："北洋政府一味推行西洋医学，无视中国传统医学的存在。1912年，以中西医'致难兼采'为由，搞了个'教育系统漏列中医案'。1913年，教育总长汪大燮竟然公开提出废除中医中药。1922年，北洋内务部颁布了《管理医士暂行规则》，摧残束缚中医界从业人员。这是北洋政府的所作所为，到了国民政府，大家以为能松口气了，其实则不然，反而是变本加厉。1929年，第一届中央卫生委员会议就通过了西医余云岫等提出的'废止旧医（中医）以扫除医药卫生之障碍案'，他余云岫打算在五十年内消灭中医！大家说可能么？这纯属是痴心妄想！"

台下又一次响起了热烈的掌声。曲焕章继续讲道："虽然举步维艰，处境艰难，但我们也要看到，1929年，余云岫这个'废止中医案'刚一问世，就被上海名中医张赞臣主办的杂志《医界春秋》揭露批判！到了3月17日，全国17个省市、242个团体、281名代表云集上海，召开全国医药团体代表大会。人们悬挂起'提倡中医以防文化侵略'、'提倡中药以防经济侵略'的巨幅标语，高呼'反对废除中医'、'中国医药万岁'的口号，成立'全国医药团体总联合会'，组成赴京请愿团，要求政府立即取消议案！大家还把3月17日定为'国医节'。1930年，由焦易堂等人提议，在南京设立中央国医馆。在1933年6月召开的国民党中央政治会议上，石瑛等29人提议拟定《中医条例》！各位，今天我说这些历史的目的，是想让大家清楚一件事情！那就是多年以来，我们大家和社会各界的仁人志士们，从未停止过维护中医合法权益，努力争取发展空间的抗争！这种抗争今后也绝不会停止！中医国药是国粹，中医国药是中华传统文化的精华，我们将用自己的生命去捍卫她！"

一时间，会场上群情激荡，气氛推向了高潮，热烈的掌声持久不息。曲焕章望着台下众多的代表们，心情也很激动，踌躇满志。

抗日战争爆发了。为了打击日寇，曲焕章向云南省政府承诺捐三万瓶"百宝丹"给开赴前线的滇军将士。部队从昆明出征那一天，曲焕章指挥着伙计们将一部分"百宝丹"送到队伍前。一名滇军军官赶过来热情地和曲焕章握手说："曲老板！感谢你的慷慨解囊，捐赠三万瓶'百宝丹'给咱们六十军将士！太感谢你了！"

"如今国家有难，曲某只是尽点绵薄之力，不足挂齿！真正应该感谢的是你们这些抗击日寇，保家卫国的云南子弟兵啊！"曲焕章深情地说。

"曲老板太客气了！噢，队伍要开拔了！那我先走一步！"

"是啦是啦！一路平安！带上两瓶'百宝丹'！"

军官高兴地说："谢谢啊！"

此时云南昆明的老百姓们正纷纷走上街头，有的举着"同仇敌忾、共赴国难"、"欢送滇军奔赴抗日前线"、"抗击日寇，保卫祖国"的标语，有的给战士们戴上大红花，送上慰问品……广大民众热烈欢送滇军六十军将士出征。只见滇军将士军容齐整，斗志昂扬地开往抗日前线。

曲焕章和伙计们也都挤到人群里，伺机往经过身边的滇军战士手中塞上一瓶"百宝丹"，目送着云南子弟兵们远去。

一天，缪兰英正抱着小女儿曲竹林哄她玩，曲焕章则在指导长子万增如何给病人推拿，与缪兰英所生小儿子曲嘉瑞也在旁边观看着。此时，周松年兴高采烈地拿着报纸跑了进来。"焕章！大家都听着！今天《云南日报》的头版头条啊！本报援引武汉报纸报道：我卢汉部队在禹王山与敌发生猛烈奋战，战况空前！敌我双方肉搏冲杀极其惨烈！是役，滇军将士付出巨大牺牲，然敌军在我阵地前沿遗尸累累，其拉走者无法计数。鏖战多日，我方阵地依然无恙，而台儿庄亦得保全！禹王山一战，敌军全线溃败，死伤7000多人，遭受自中日开战以来最惨重之失败！"

大家听完立刻都欢呼起来。曲焕章激动得跑到缪兰英身边从她手里将小女儿抱过来亲吻着，然后举过头顶，兴高采烈地喊到："真是太好啦！今天咱们大家早收工，晚上我请客！好好庆祝一下！对了万增，去！去买三十万头鞭炮来，咱们也炸一下小日本鬼子！"

大家都笑了起来，曲焕章亲着怀里的女儿，非常高兴。连续不断的鞭炮声震耳欲聋。大药房的伙计们在门前燃放着三十万头花炮，引来了很多老百姓到现场观看。

第二天,昆明市政府召开了各商界老板会议。会议的内容主要是:动员商界老板踊跃捐款支援抗日前线。市长指着曲焕章道:"六十军赴前线抗日,曲老板捐三万瓶'百宝丹',这可是立了大功啦!滇军将士正因为有你的白药在身,才能够轻伤不下火线,连番上阵奋勇厮杀啊!曲老板,你不仅是身怀绝学的名医,更是爱国爱民的实业家,真乃社会之栋梁啊!"

曲焕章谦虚地说:"市长,您过誉啦!"

"没有过誉,是说得还不够!等过了这段非常时期,我一定要向省里汇报,好好地嘉奖你曲焕章!到时候,让你这些高风亮节的事迹传遍全省、全中国!"市长继续表扬曲焕章道。

"市长,曲某只是做了些分内事,每个中国人都会做,不值一提。"曲焕章说。

"太谦虚了!我都得向你学习啊!曲老板,今天找你们大家来开会呢……如今抗日救国乃是全民族的头等大事,国府对此更是不遗余力!然而若想取得成功,则必须借助整个社会的力量。"市长观察着各位商界老板动员道。

"市长,需要曲某做什么请讲!"曲焕章爽快地对市长说。

"好,那我直说了!政府希望老板们能以更有力度的行动支持前方抗战。因此,我希望曲老板能够率先站出来,认捐战机一架,也好为其他人作个榜样!"市长盯着曲焕章大声道。

曲焕章一愣:"认捐战机?那,那需要多少钱?"

"三万!不算多吧!"

曲焕章面露难色,但爽快地答应道:"好,三万钱就三万钱!我筹措好了,即刻送来!"

市长满意地笑着道:"曲老板真痛快!"

开完会回到家,曲焕章将认捐三万钱的事向妻子缪兰英说了。妻子缪兰英急了,红着脸大声道:"什么?三万!咱不是刚捐了三万瓶'百宝丹'么,怎么又要捐这么多钱?"

"兰英啊!有什么办法,市长摊派的任务。"曲焕章挠着头皮无奈地说。

"可现在钱都撒在药和建各地分号上,手头没有那么多啊!能不能推掉啊?"缪兰英说。

"你说怎么推?能推吗?推得掉吗?"

"你跟我急什么呀?!我说的是实际困难!"

"兰英,虽然市长是硬性地摊派,但为了抗日我们也就认了吧!"曲焕章向缪兰英说道。

曲焕章东借西凑,终于把钱弄够了。曲焕章和周松年来到富滇银行经理室。胖胖的范经理一见曲焕章赶忙站起来,满脸堆笑着说:"曲老板!您又来存钱?欢迎啊!"

曲焕章笑呵呵地对范经理说:"我是来捐款的!"

范经理恍然大悟地道:"哦,我知道了!您认捐了一架飞机给抗日前线对吧?"

"没错!市长大人亲自交给的任务。"

"是啦是啦!要是有钱人都像曲老板这么大方,咱们这个国家就有救啦!"

曲焕章对着周松年说:"松年!将钱交给范经理。"

周松年从包里将三万元滇币钞票放在了范经理办公桌上。

"三万钱,一分不少。范经理你点点!"

范经理看着桌上的钱,脸色却变了,严肃地对曲焕章说:"曲老板!你是不是搞错啦?市长打电话告诉我的是三万国币。"

曲焕章和周松年面面相觑。

"三万滇币是市长亲自交代曲老板的!"周松年肯定地说。

范经理摇着头说:"不对!不对!曲老板,你肯定是听错了!市长说的是三万国币,你想想,三万滇币能买一架飞机吗?"

曲焕章听完范经理的话,再也说不出任何一句话,望着天花板发呆。

大药房堂屋的墙壁上挂着那些党政军要人的题词匾额,蒋介石题的"功效十全"位居中间,还有他赠给曲焕章的照片也挂在中央墙上。

曲焕章颓唐地坐在那里,周松年也百思不得其解。

缪兰英和长子曲万增都坐在旁边，心情也很焦急。

"焕章，我觉得这件事没那么简单！绝对不是咱们搞错，而是有人耍阴谋。"周松年说。

曲焕章抬起头来说："你说市长存心害我？我跟他无冤无仇的。"

"搞政治的人，为了利益什么都干得出来！"

曲焕章愣愣地望着周松年。门外突然传来一阵喧哗声、脚步声。警察局长带着两个警察闯了进来，伙计跟在后面也不敢阻拦。曲焕章一看这阵势，赶忙站了起来。

警察局长横蛮地对曲焕章说："曲老板，废话不说了，请跟兄弟走一趟！"

"局长，这，这是从何说起啊？"曲灿章不解地问。

"你原先承诺给政府捐一架飞机，如今期限已到，却只拿出三万滇币充数，你觉着这样挺好玩儿么？你把抗日救国当儿戏是吧？"警察局长训斥道。

"局长，您听我说，我觉得这里边可能有些误会！当初市长明明白白地对我说只要三万滇币就可以。"曲焕章辩解道。

"三万滇币买个飞机翅膀都买不下来吧？你觉着市长脑子有毛病么？"警察局长反问道。

"我是说，有误会！"曲焕章小心地说。

"有什么误会？要不是你是社会名流，我也不会亲自来请你！跟我们走！快点儿！是你自己走，还是让弟兄们动手？"局长不耐烦地问。

曲焕章一句话都说不出来了。缪兰英、曲万增、周松年都十分着急，但也不知如何是好。

曲焕章被警察局长带走了。牢门开了，曲焕章直愣愣地看着黢暗的单人囚室，后面的警察用力一推，他踉跄着进入牢房，牢门在他面前"咣当"一声重重地关上了。

十一、陨落

曲焕章在昆明牢房呆了三月之久。一天，曲焕章突然被狱警带出牢房后直接坐上一辆车，向重庆方向开去。七天后，曲焕章被带到了国民政府的陪都重庆。出来接待曲焕章的人是国民政府中央执行委员、最高法院院长、中央国医馆馆长焦易堂。焦易堂设丰盛晚宴招待曲焕章，他的秘书陈仪，还有孙澄碧等作陪。

焦易堂操着陕西口音对曲焕章说："焦某久闻曲先生大名，今日才得以聚会，实在是相见恨晚啊！"

"哪里哪里，在下能见到院长才是三生有幸！院长为中医界做了不少好事，设立中央国医馆，为中医国药在行政院与那些一味鼓吹西医的立委们据理力争，听说为此还受了伤。所有这些功德，郎中们可都铭记在心啊！"曲焕章真诚地说。

"焦某不图别的，今日能从曲先生口中听到这样的话，万分荣幸。"说着，举起酒杯大声道："曲先生，你风尘仆仆地赶到重庆，这杯酒我先干为敬！"

"谢谢馆长厚爱。"

秘书陈仪一直注视着曲焕章，孙澄碧则观察着焦易堂、陈仪、曲焕章的神色。

"曲先生，之所以三番五次地邀请，就是想与你共商振兴中华医药大计，值此存亡之秋，为国家、为民族效力。"焦易堂高声说。

"请院长放心，曲某自当竭心尽力！"曲焕章回答道。

焦易堂狡诈地望了一眼曲焕章说："曲先生，为了国家，为了抗日，你受了不少委屈才到重庆，咱们好好合作，委员长任命你为后方中医院院长一职，今后，你研制的白药就可大展宏图了。"

"谢谢馆长，曲某只是个郎中，不会当官。"

"不当院长也行，白药方子必须献给中华药厂。"焦易堂严厉地对曲焕章说道。

"我被你们押来重庆，没带任何药方。"曲焕章拒绝道。

焦易堂恶狠狠地吼道："曲焕章，你以为你自己是谁啊？你一个江湖郎中怎么就那么轻易受到委员会的青睐？你自己不想想么！"

曲焕章点头道："我明白了，这一切都是你们预先设下的圈套。从市政府要我捐飞机那一天起，就是你们玩的把戏！"

"不要说得那么难听！只要你肯合作，条件还是和原来一样优厚！所有这些不愉快就都不存在了！"焦易堂硬中带软地说。

曲焕章沉默，忽然抬起头来盯着焦易堂，慢慢站了起来，焦易堂不自觉地向后退了一步。

"焦院长，曲某自幼家境贫寒，幸而得到很多好心人的帮助，才一路走到今天。因此说曲某这药是来自民间，来自百姓。今天你要我将'百宝丹'献给权贵，好让这些人牟利，发国难财，那是断然不可能的！就是曲某死了，你们也休想得逞！"曲焕章大义凛然地说。

焦易堂气得脸色发青，哆哆嗦嗦地说："好好好！曲焕章，你再好好给我想清楚！因为你的时间不多了！"说完，焦易堂拂袖而去。秘书陈仪和警卫员小孙也跟了出去。

第二天，曲焕章被警察押进黑乎乎的牢房。曲焕章坐在牢里思索着，他忽然想起了什么，从怀里掏出了那枚防伪印章看着。曲焕章又从怀里取出一小瓶强酸来，打开来将酸倒上去，一股烟过去，印章被销毁。曲焕章将那个陪伴自己行医多年的布褡裢拿来放在身边，然后开始盘腿打坐，他取出一卷《滇南本草》慢慢地翻看着。《滇南本草》发黄的书页上有几个补丁，但还有洞没有补好。此刻，曲焕章双眼里流出了泪水，他继续翻看着书，往昔的生活片段，那些曾经的人和事，如同过电影一般浮现在他脑海中。曲焕章默默地从褡裢里取出针灸包，挑出一根最长最粗的银针来，慢慢地对准了自己的太阳穴。这一瞬间，曲焕章的脸上露出了微笑，眼睛中放出了光芒……

新中国成立后，曲焕章的遗孀缪兰英将白药秘方无私地献给人民政府，昆明制药厂按秘方大批量生产白药，定名为云南白药。从此，云南白药更好地造福于人民群众。云南白药王曲焕章的事迹被广为传颂。